KB273131

인생의
모호함에
관하여

Alles,

정답을 내리기 어려운
삶의 문제들을 대하는
심리학

네시베 카흐라만 지음
배명자 옮김

인생의
모호함에
관하여

was
dazwischen
liegt

Nesibe
Kahraman

추수밭

한 그루의 나무가 모여 푸른 숲을 이루듯이
청림의 책들은 삶을 풍요롭게 합니다.

인간이 글을 쓰는 까닭은
자기가 살 수 있는 세상을
만들어야 하기 때문인 것 같다.

아나이스 닌 *Anaïs Nin*

서로의 차이를 인정하는
외줄 타기

나는 인간의 말이 너무 무섭다.

그들은 모든 것을 너무 명확히 말한다.

이건 '개'고 저건 '집'이며,

여기가 시작이고 저기가 끝이라 한다.

나는 인간의 이성도 조롱 섞인 장난도 무섭다.

그들은 미래도 과거도 모두 안다 하고,

그들에게는 이제 그 어떤 산도 신비롭지 않으며,

그들의 정원과 재산은 거의 신의 경지에 이르렀다.

나는 늘 경계하고 막으리라: 가까이 오지 말라.

나는 사물의 노래를 기쁘게 듣는다.

너희 인간의 손이 닿는 순간, 사물은 굳어버려 노래를 멈춘다.

너희는 결국 나의 모든 사물을 죽인다.

라이너 마리아 릴케

우리는 언어로 자신을 표현하고, 소통하고, 관계를 맺는다. 그러나 또한 대립하고 갈등한다. 우리는 말로 자신의 가치관을 드러낼 수 있지만, 다른 사람에게 상처를 줄 수도 있다. 이 모든 것이 가능하고 서로의 말을 이해할 수 있으려면, 먼저 단어의 의미와 맞춤법과 발음에 합의해야 한다. 경험한 것을 표현하려면, 그것을 글자로 적을 수 있어야 한다. 그러려면 많은 것을 범주화해야 한다.

앞서 본 시에서 릴케는 이런 범주화 과정을 숙고했다. 그리고 우리가 만들어 내고 사용하는 개념들과 언어의 힘과 한계를 날카롭게 지적하며 언어의 단순성과 제한성에 대한 두려움을 드러낸다. 사람들의 상투적이고 제한적인 말이 무섭다고 고백한 릴케는, 단어가 모든 것을 너무 '명확히' 규정해서 진정한 깊이와 불확실성, 설명할 수 없는 것이 들어설 여지가 없다고 지적하고 단어의 당위성에 의문을 제기한다. 단어와 단어 사이의 모든 모호한 것이 들어설 자리가 없다. 단어는 경직된 범주이자 틀이 된다. 범주화할 수 없는 것, 특정 틀에 맞지 않는 것, 중의적이고 불분명한 것, 그 사이의 모든 것을 위한 공간이 없다. 개인적 경험이나 사건이든, 삶의 복합적 상황이든 단어는 해석의 여지를 허락하지 않는다.

"그들은 미래도 과거도 모두 안다 하고/그들에게는 이제 그 어떤 산도 신비롭지 않으며"라는 구절은, 모든 것을 범주화하는 사고방식의 일차원성과 예측 가능성을 강조한다. 릴케는 언어와 사고의 한계 때문에 삶의 다양성이 사라지는 것을 두려워했다. 릴케의 시에서 사람들의 말은 현실의 깊이와 복합성을 온전히 담아낼 수 없는 단순한 꼬리표로 전락한다.

인터넷 뉴스나 소셜 미디어 게시물에 달린 댓글이 사회를 반영한다고 보면, 릴케의 두려움은 현실이 된 지 오래다. 언어의 한계성은 이미 모든 것을 범주화하는 일차원적 사고방식으로 발전했다. 모든 것이 거의 강박처럼 특정한 범주로 분류된다. 개인적인 의견과 일치하느냐에 따라 옳고 그름이 결정된다. 순식간에 전선이 확고해지고, 토론은 개인을 공격하는 전쟁으로 변하고, 의견은 절대적 진리가 된다. 그리고 중의성이 용인되어야 할 곳에서 오히려 양극화가 더욱 심해질 뿐이다.

온라인 편집팀이 분쟁을 해결해 보려 나서지만 역부족이다. 결국 댓글창이 비활성화된다. 댓글창 비활성화가 과연 흥분한 댓글 작성자들을 처벌하거나 구원할까? 달리 말하자면, 그들을 보호할까? 내적 양극화를 막아줄까? 편집팀의 의도도 임무도 아니지만,

실제로 그런 흥미로운 부차효과를 거두는 듯하다. 우리는 대화와 토론으로 다른 사람의 의견과 관점을 듣고, 능동적으로 자신의 관점을 바꾼다. 그런 교류를 통해 상황에 맞는 확고한 의견과 더욱 객관적인 그림에 도달한다. 하지만 이는 우리가 진정한 교류에 참여하려고 노력할 때만 가능하다. 자신이 믿는 진실과 모순되더라도 그 또한 진실일 수 있으며, 다른 관점과 진실도 존재한다고 인정할 수 있을 때만 가능하다.

그러나 안타깝게도 우리는 진정한 교류가 아니라 승패를 겨루는 데 빠져 있다. 진심으로 경청하고, 관심을 보이고, 이해하고, 다른 관점을 받아들이는 것을 더 이상 중요하게 여기지 않는다. 오로지 승패만 중요시한다. '적'에 맞서 자신의 전선을 지키는 것이 중요하다. 나와 반대되는 것은 용인할 게 아니라 맞서 싸워야 한다. 여기에 관용은 필요하지 않다. 아니, 오히려 방해된다.

그리고 이 싸움은 외적 갈등만 의미하지 않는다. 자기 자신과 겨루는 내적 갈등도 포함된다. 우리는 내적 모순 역시 타인과의 무분별한 갈등과 유사한 방식으로 처리한다. 가까운 사람과의 갈등이든, 댓글에서 만난 모르는 사람과의 논쟁이든. 그래서 입장은 점점 더 벌어지고, 각자 자신의 의견을 더욱 공고히 하며 결국 어느 순간 두 극단 사이의 긴장은 극복할 수 없는 지경이 된다.

자동으로 점점 더 심해지는 악순환이 시작된다.

심리치료사로서 나는 환자가 내적 갈등을 겪을 때 공간을 가득

메우는 긴장감을 아주 잘 안다. 그런 감정에 주의를 기울이는 법과, 어김없이 등장하는 회피 전략을 막아 다시 갈등에 집중하게 하는 법을 배웠다.

평범한 한 개인으로서 나의 내적 갈등도 잘 안다. 나 역시 회피 전략을 쓰는 경향이 있다. 그래서 잠시나마 감정에 집중하며 조용히 관찰하고 인식하고 견뎌야 한다고 끊임없이 나 자신에게 경고한다. 물론 회피한다고 해서 문제가 해결되지 않는다는 것을 잘 안다. 하지만 내적 갈등이 초래하는 불편한 감정을 회피하거나 밀어내는 편이 훨씬 마음이 편안한 것 같다.

이 책을 쓰는 동안에도 수많은 내적 갈등이 일어나 그만둘 평계를 끊임없이 찾곤 했다. 심리치료사로서 최대한 객관적으로 글을 쓰려면 나 자신을 끊임없이 성찰하고 받아들여야 했다. 하지만 내 견해를 간단히 밀어낼 수는 없었다. 밀어내려 할수록 오히려 더욱 선명해졌고, 결국 이 책이 의도하지 않은 일, 즉 내 의견을 표현하게 되었다.

의견. 지금 내 안에서 이보다 더 큰 긴장을 불러일으키는 단어는 없는 것 같다. 서로 자기 의견이 더 중요하다고 말하지만 그 과정에서 정작 본질을 점점 더 많이 잃고 있는 세상에서, 내가 이 책을 통해 이루려는 것 또한 결국 더 많은 의견을 덧붙이는 것이었다. 나는 이야기를 하고 싶다. 사람들의 문제 그리고 행간에서 끊임없이 드러나는 나 자신의 문제를 이야기하고 싶다. 이야기, 감정, 생각, 태도, 행동의 혼합물을 있는 그대로 남겨두고 그것을 견딜 수 있는 인내심을 북돋아 주고 싶다. 어떤 주장이나 목표 없이 이 책이 가르쳐 줄 수 있는 것이 있다면, 그것은 바로 인내의 기술이다. 그리고 지금 이 순간 개인적으로 이보다 더 중요한 미덕은 없는 것 같다.

'진술'이 강요되고, 어느 한쪽을 택해야 하며, 의견과 사실이 뒤엉키고, 자기계발과 최적화를 요구하는 매사 빠르게 흘러가는 세상에서 그 어느 때보다 이런 미덕이 필요할 것이다.

이 세상에는 이미 차고 넘치도록 많아서 더 이상 필요하지 않은 것이 있다. 이분법적 관점, 흑백 논리, 배척, 고착화된 대립, 성급한 의견 들이다. 밖으로 나가 타인을 질책하는 대신 모두 각자 자기부터 돌아봐야 한다.

우리 내면에서 일어나는 내적 전쟁이 외적 태도를 부추기기 때문이다. 내면에서 자기 자신과 평화롭지 못하고, 내적 모순 때문에 끊임없이 전투를 벌이면서 어떻게 외부의 다른 의견에 관용을 베풀 수 있겠는가? 매일 내적 갈등을 겪는 사람은 외적 평화와 화해, 관용을 기대할 수 없다. 다수의 진실을 진심으로 수용하고 용인하려면 에너지와 노력이 필요하다. 진정한 대화를 나누고, 도저히 동의하기 어려운 관점에 공감하는 데 자원을 써야 한다. 끝없는 내적 갈등에 모든 자원을 소진한다면, 여기에 투입할 자원을 어디에서 얻을 수 있겠는가? 명확한 탈출구 없이 악순환에 빠져 있다면, 어디에서 새로운 자원을 가져올 수 있겠는가?

그러니 우리는 먼저 내면의 전쟁을 끝내야 한다. 그래야 외부에서도 나와 다른 관점을 용인하고, 건설적 갈등과 화해의 타협을 이룰 수 있다.

모든 의견과 입장, 상충하는 욕구, 가치관의 차이, 내적·외적 갈등은 우리에게 끊임없이 질문한다. 어떻게 해야 갈등과 긴장을 유발하지 않으면서 이 모든 것을 조화롭게 만들 수 있을까? 어떻게 해야 대립과 모순을 없앨 수 있을까? 대답은 반문하는 데 있다. 왜 그래야만 하지? 모순을 허용하고, 견디고, 통합할 수는 없을까? 모두가 내적·외적 일치와 명확성을 위해 노력한다고 해서 과연 이런 모순을 없앨 수 있을까? 어쩌면 내적·외적으로 조화를 이룰 수 있는 다른 길이 있을지도 모른다. 명확하지 않은 모든 것, 모순조차도 견뎌냄으로써 조화를 이룰 수 있지 않을까? 모순되는 것이 동시에 존재하도록 허용함으로써, 모든 것이 평행하게 존재하도록 용인함으로써, 모든 것이 나란히 존재하도록 용납함으로써, 내적·외적 모순을 관용함으로써, 모호성을 수용함으로써 조화를 이룰 수 있지 않을까?

이를 위해서는 허용하고, 수용하고, 인내하는 기술이 필요하다. 모호성 수용 기술은 행간을 읽고, 말 속에 담긴 의미를 경청하고, 이해의 회색지대를 탐구하는 자세에서 나온다. 이런 능력은 양극화된 견해와 확신으로 점철된 세상에서 강력한 해독제가 될 수 있다. 특히 이 격동의 시대에 이런 해독제를 늘 지니고 다녀야 한다.

모호성을 균형 있게 수용하는 삶은 나 자신과 공동체 사이에서 외줄을 타는 것과 같다. 이는 자신의 정체성을 잃지 않으면서 타인과 관계를 맺고, 개인의 개성을 말살하지 않으면서 공동체를 강화하는 기술이다.

자의식과 공감, 자기 결정권과 연대 사이에서 섬세하게 균형을 잡아야 한다. 공중에 떠 있는 외줄에서 균형을 잡는 곡예사처럼, 우리는 자신의 욕구와 신념, 타인의 욕구와 견해가 서로 조화롭게 균형을 맞추도록 해야 한다.

모호성을 수용하면 세상의 다양성을 포용하고 서로의 차이를 장애물이 아닌 풍요로움으로 인식할 수 있다. 새로운 관점을 열린 마음으로 수용하고, 이를 통해 뭔가를 배우는 동시에 자신의 목소리를 지키고 자기 신념을 옹호할 수 있다.

이런 외줄을 타면서 우리는 상호 존중과 이해, 감사에 바탕을 둔 건강하고 활기찬 공동체를 만들 수 있다. 유대감을 강화하고 혼자서는 결코 도달할 수 없는 높이에 함께 도달할 수 있다. 모호성 수용을 삶의 지침으로 삼는 것은 끊임없는 균형 잡기이자 도전이지만, 동시에 영감과 성장의 원천이기도 하다. 이런 외줄 타기는 혼자일 때보다 함께일 때 더 강하고, 다름이 우리를 분열시키기보다 하나로 묶어준다는 진리를 가르쳐 준다. 그렇게 되면 우리는 사람들의 말을 더는 두려워하지 않게 될 것이다.

1부

그 사이의
모든 것

1

나의 불쌍한
폭군 아버지

과거와 현재 사이

"세상에서 가장 엄한 아버지에게 주는 상이 있다면, 틀림없이 우리 아버지가 받을 거예요."

그녀는 이렇게 아버지 이야기를 시작했다. 아버지가 퇴근할 시간이 되면 어머니와 다섯 아이는 항상 만반의 준비를 해야 했다고 한다.

"재밌게 놀았다는 증거가 될 만한 장난감들을 재빨리 치웠어요. 크레파스, 찰흙 등등. 그리고 아버지를 화나게 하거나 짜증 나게 할 만한 모든 물건을 숨겼죠."

그녀의 긴장감이 점점 고조되는 게 느껴졌다.

“아버지가 집에 돌아오기 전에 모두 완전무장을 마쳐야 했다는 얘기로 들리네요.”

나는 의아한 어조로 말했다.

말괄량이 삐삐가 사는 ‘빌라빌레쿨라’를 떠올렸다. 알록달록 뒤죽박죽이던 집이 늦은 오후부터는 아이들의 출입이 금지된 차갑고 휑한 다락방으로 변해 버렸다. 어쩌면 털 빠진 고양이가 집 안을 조용히 돌아다니고 있었을지도 모른다. 이 고양이는 반려동물이 아니라 살아 있는 장식품에 가깝다. 아이들은 확실히 없다. 아이들의 신나는 환호성, 콩콩콩 작은 발소리, 깔깔깔 웃음소리가 넘쳤던 빌라빌레쿨라지만, 아버지가 들어오는 순간 쥐죽은 듯 조용해졌다. 알록달록했던 모든 것이 칙칙하게 변하고 웃음소리도 사라졌다. 아무리 귀를 쫑긋 세워도 조용한 발소리만 겨우 들릴 뿐이다. 신나고 즐거웠던 분위기는 흔적조차 남지 않았다. 재밌게 놀았다는 증거가 될 만한 그 어떤 것도 보이지 않았다. 매일 오후 4시 30분부터 그런 분위기가 유지되었다.

“아버지가 집에 오기 30분 전부터 우리 집은 아버지 취향에 맞는 집으로 변했어요. 아버지가 집에 있는 동안에는 심장 박동 소리가 들릴 정도로 아주 조용했죠. 어린 내게 그것이 얼마나 신기했는지 지금도 생생해요. 평소 자기 심장 소리를 그렇게 크게 들을 수는 없을 테니까요.”

이 기억은 그녀에게 매우 강렬하게 남았다. 그리고 자신의 공황

장애에 중요한 역할을 했다는 것을 잘 알고 있었다. 지금도 심장이 빨리 뛰면 그녀는 온갖 부정적 연상에 괴로워했다. 특히 심장마비로 갑자기 죽는 두려움이 컸다.

"요동치는 심장은 지금도 아버지에 대한 두려움과 연결되어 있어요. 아버지는 집에 오자마자 제일 먼저 거실 전체를 훑어봤어요. 우리는 나란히 줄을 서서 아버지의 결정을 기다렸죠. 그다음에 아버지는 여전히 엄한 눈으로 방 안을 찬찬히 검사했어요."

그녀의 긴장감이 너무 고조되는 것 같아서 기억 속에서 꺼내주고 싶었다. 어른이 된 그녀뿐 아니라 다섯 아이를 모두 꺼내고 싶었다. 하지만 심리치료사는 이런 충동을 인지하되, 굴복하지 않고 치료에 활용해야 한다.

"그때의 상황을 다시 떠올려 보세요. 줄을 서서 기다리고 있던 그 상황에서 당신에게 필요한 건 무엇이었을까요?"

"도망치고 싶었어요. 멀리. 최대한 빨리. 누군가 와서 우리를 구해줬더라면 얼마나 좋았을까요. 하지만 아무도 오지 않았어요. 아무도."

그녀의 실망과 분노가 느껴졌고, 도움을 받지 못한 다섯 아이에게 미안한 마음이 들었다.

"아버지는 항상 뭔가 찾고 있는 것 같았어요. 그렇게 수색하듯 주변을 둘러보았죠. 잃어버린 뭔가를 찾으려는 게 아니라 뭐든 발견해 내려고요. 우리에게 화를 낼 만한 꼬투리를 잡아내려는 거죠.

그리고 대개는 우리가 한 실수를 찾아냈어요. 찾아내지 못하면 직접 만들었고요."

"정확히 어떤 실수였나요?"

이때 이미 그녀가 매우 자의적으로 무엇이 실수이고 무엇이 아닌지를 판단했을 거라 예상했다.

"우리가 미처 치우지 못한 크레파스를 어딘가에서 발견할 때가 가끔 있었어요. 탁자 위에 살짝 삐뚤게 놓인 편지를 지적하기도 했고, 슬리퍼가 제자리에 없을 때도 있었고요. 어쨌든 화를 낼 일은 항상 있었어요. 매일매일 아버지의 고성이 집 안을 채웠죠. 이웃들도 분명히 들었을 거예요."

그녀가 비난하듯 말했다.

"게다가 아버지는 물건을 이리저리 마구 던졌고 그럴 때마다 쿵, 쾅, 시끄럽게 소리가 났어요. 유리, 플라스틱, 도자기 같은 게 바닥에 떨어지면 어떤 소리가 나는지 나는 정확히 알아요. 소리가 다 달라요."

기억을 더듬는 그녀의 눈빛이 어린아이처럼 궁금증으로 반짝거렸다.

"아버지가 진짜 원하는 게 뭔지 도저히 알 수 없었어요. 어떻게 하면 아버지를 기분 좋게 할 수 있을까. 계속 고민했죠. 하지만 방법이 없었어요. 그림을 그려 선물해도 소용없었고, 아주 얌전히 순종해도 달라지는 건 없었어요."

그녀가 절망 섞인 목소리로 말했다.

"어머니가 마침내 이혼할 때까지 그랬다는 거죠?"

내가 예측하여 물었다.

"네. 그때를 또렷이 기억해요. 대학 때문에 집에서 나온 지 꽤 되었을 때였어요. 어머니로부터 이혼 소식을 들었을 때, 안도감과 동시에 걱정이 앞섰어요. 마침내 해낸 어머니가 자랑스러우면서 동시에 너무 걱정스러웠어요. 아버지가 어머니에게 뭔가 해코지를 할 것 같았거든요. 전보다 더 심한 짓을 할까 봐 두려웠어요."

그녀가 잠시 말을 멈췄다.

"그렇게 했나요?"

조심스럽게 물었다.

"아니요. 정반대였어요. 어쩌면 그 후에 일어난 일은, 어떤 면에서, 내가 예상했던 것보다 더 나쁜 일일지도 모르겠어요."

그녀가 처음으로 살짝 미소를 지으며 말하는데, 무슨 말인지 이해가 되지 않았다.

"무슨 뜻이죠?"

"아버지는 아무도 괴롭히지 않았어요. 말로도, 신체적으로도. 우리를 감시하지도 않았고요. 그런데 아무도 예상하지 못한 일을 했어요. 우리와 잘 지내보려고 애를 쓰는 거예요. 특히 나를 찾아와 자기 얘기를 들어달라고 애원했죠. 아버지가 애원하거나 간청하는 것을 본 적이 없었고, 우는 것도 처음 봤어요. 완전히 다른 사람이었어요."

그녀의 시선은 나를 지나 허공을 떠돌았고, 마치 그때의 기억을 떠올리며 그 과정을 즐기는 듯했다.

"그때 기분이 어땠어요?"

그녀의 회상에 방해되지 않도록 조용히 물었다.

"처음에는 그냥 악랄한 속임수려니 생각했어요. 가스라이팅 같은 거라고 여겼죠. 하지만 직접 만나고 보니 진심인 것 같았어요. 비참하게 좌절한 사람처럼 힘없이 앉아 그저 흐느껴 울었어요. 뭐랄까, 마치 상처 입은 어린아이 같았어요."

그녀는 호기심 어린 표정으로 쾌활하게 설명했다.

"그때 당신의 마음은 어땠나요?"

나는 다시 물었다.

"전에는 느껴보지 못했던 감정을 느꼈어요. 정확히 뭔지는 모르겠어요. 처음으로 아버지가 걱정되었어요. 부모님을 화해시켜볼까, 어쩌면 어머니가 돌아올 수도 있지 않을까, 잠시 고민했어요. 물론 말도 안 되는 소리였지만, 잠깐 그런 생각을 했던 것 같아요."

그녀는 손톱을 물어뜯기 시작했고, 긴장한 듯 보였다. 그녀를 바라보며 고개를 살짝 끄덕였다. 괜찮다고, 무슨 말이든 다 해도 된다고 응원하는 몸짓이었다.

"뭔가 만족감 같은 것도 느꼈어요. 아버지도 이제 고통을 받는 것이 아주 공평하고 당연하다는 생각이 들었죠. 나약하고 도움이 필요한 존재가 되어 나한테 기대는 상황이 마음에 들었어요. 난생 처음 내가 아버지보다 강하고 우월하다는 기분이 들었죠."

그녀는 부끄러운 듯 고개를 숙인 채 말을 이었다.

"하지만 이런 감정은 오래가지 않았어요. 이 모든 상황이 견디기 힘들었어요. 그토록 거대하고, 강하고, 무적이었던 사람이 어떻게 그렇게 갑자기 무너져 내릴 수 있을까요? 어떻게 내가 아버지보다 우월할 수 있죠? 아버지가 조금만 오래 빤히 쳐다봐도 매번 바지에 오줌을 지리던 어린 소녀였던 내가? 나는 그보다 우월해졌고, 그는 아무것도 아니었어요. 너무나 무력하고 너무나 가련했죠. 이런 감정이 공황 발작을 일으켰어요. 어쩌면 내가 틀렸을지도 모른다는 생각이 들었어요. 그동안 내가 모든 것을 잘못 알았고, 어쩌면 예전에도 아버지는 지금과 똑같았을지 모른다는 생각이 든 거예요. 내가 그냥 아버지를 나쁜 사람으로 인식하고 그렇게 믿었던 건 아닐까요? 정말로 예전에도 지금처럼 불쌍한 사람이었다면 어떡하죠? 사람은 그렇게 급격히 변할 수 없으니까요. 나는 어린아이였고, 어쩌면 모든 것을 잘못 이해했을지도 모르죠. 결국, 내 어린 시절을 망친 사람은 나 자신이었던 거죠."

절망이 방 안을 가득 채웠다.

그녀는 내적 갈등을 겪고 있는 듯했다. 유년기와 청소년기 내내 그녀를 억압하고 통제하며 걸핏하면 금지와 위협을 가했던 남자가 있다. 이 남자는 그녀와 다른 가족들에게 따뜻한 말 한마디 건넨 적이 없었다. 그녀는 이 남자를 믿고 의지할 수 없었고, 모든 관심사와 생각, 걱정 등을 털어놓을 수도 없었다. 그에게는 그런 것을 위한 자리가 없었기 때문이다. 그녀가 그토록 두려워했던 거대하고 강력한 폭군이 어떻게 이토록 가련하고도 무력할 수 있단 말인가?

그녀는 자신의 인식을 의심하며 절박한 마음으로 어떻게든 내적 갈등을 빨리 해결하려 애썼다. 어린 시절의 경험을 의심하고, 그때의 끔찍한 일들이 자기 잘못일지 모른다고 자책했다. 덕분에 다시 모든 걸 통제하고 있다는 기분을 느낄 수 있었다. 그럴 수 있다. 하지만 갈등은 그대로 남아 있다. 지름길이라고 생각한 것이 안타깝게도 그저 멀리 돌아가는 우회로였을 뿐이다. 하지만 때로는 우회로가 줄 수 있는 이런 시간이 필요하다.

"그 후로도 몇 번 더 대화를 나눴어요. 아버지가 고함을 치지 않더라고요. 놀랍게도 차분하고 건설적인 대화를 나눌 줄 아는 사람이었어요! 쉽게 감정이 요동치긴 했지만, 화를 내진 않았어요. 오히려 슬퍼하는 편이었어요. 심지어 우리는 지금 아주 잘 지내고 있어요."

그녀 자신도 놀라고 있다는 게 말투에서 느껴졌다.

"내적 갈등은 어떻게 해결했어요? 그토록 두려워했던 폭군이 이제 당신과 편안한 대화를 나눌 수 있는 사람이 되었잖아요."

회피의 우회로에서 그녀를 끄집어내기 위해 애쓰며 물었다.

"처음엔 나 자신을 의심했어요. 내가 겪은 모든 일에 의문을 품었죠. 어쩌면 아버지는 원래 그렇게 나쁜 사람이 아니었을지도 모른다고요. 어쩌면 모든 것이 어린 나의 유치한 생각이 아니었을까? 어쩌면 어린 마음에 모든 두려움을 아버지에게 돌렸던 건 아닐까?"

미간을 찌푸리며 곰곰이 생각했다. 그녀의 이런 생각이 갈등 회피를 위한 궁여지책이 아니라 아버지로부터 가스라이팅을 당한 게 아닐까 걱정스러웠다.

"하지만 다행히도 내 경험을 확인해 줄 수 있는 형제자매가 넷이나 있었어요. 어렸을 때 친구들과 몇몇 친척에게 아버지가 어떤 사람인지 얘기하면, 아무도 믿으려 하지 않았던 일이 떠올랐어요. 그들은 항상 아버지가 친절하고 차분한 사람이고, 내 말을 자상하게 잘 들어준다고 말했죠. 그런 얘기를 들을 때마다 화가 났어요. 그렇지 않다는 걸 잘 알았으니까요."

그녀가 한숨을 내쉬었다.

"하지만 지금의 아버지를 보니 어쩌면 다른 사람들이 옳았을지도 모른다는 생각이 들어요. 아니면, 뭐랄까… 진실은 그 중간 어딘가에 있는 걸까요?"

마치 이 말이 내적 갈등을 줄여주기라도 한 것처럼 싱긋 웃으며 말하는 그녀에게 물었다.

"진실이 중간 어딘가에 있다면, 도대체 뭐가 진실인 걸까요?"

"어떤 식으로든 양쪽 모두 진실이겠죠. 좀 이상하게 들릴지 몰라도, 아무튼 둘 다 진실인 거죠. 폭군도 맞고 불쌍한 사람도 맞고. 아마 항상 둘 다였을 거예요. 그리고 이 둘 말고도 아마 내가 아직 모르고 있는 면모가 훨씬 더 많이 있을 거예요.”

“맞아요. 그는 둘 다일 수도 있고, 그 외에 모든 다른 면모를 가졌겠죠. 하지만 당신과 아버지 사이에 있었던 일은 실제로 있었던 현실이에요. 그것까지 상대화로 희석할 필요는 없어요.”

“하지만 견디기 힘들어요.”

그녀가 한숨을 쉬며 말했다.

“정확히 뭐가 견디기 힘들어요?”

“우리에게 그렇게 끔찍했던 아버지가 다른 사람들에게는 그렇게 좋은 사람일 수도 있다는 사실이요. 도저히 받아들일 수가 없어요. 나는 내 유년기를 명확히 기억하고 가족 안에서의 내 역할을 아주 잘 알았어요. 그리고 그 경험들이 지금의 나를 만들었죠.”

그녀가 설명했다.

“아주 끔찍한 경험들이었고, 그것이 내 정체성 형성에도 영향을 미쳤겠죠.”

나는 혼잣말을 하듯 덧붙였다.

“맞아요. 그리고 이제 그 모래성이 통째로 무너지는 것 같아요. 마치 내 경험과 이야기도 같이 휩쓸려 사라지는 것 같아요. 역경에 맞서 끝까지 싸운 소녀. 그게 바로 나였어요. 그런데 이제는 아닌 것 같아요. 마치 이야기가 다시 써진 것 같아요. 하지만 이건 내 이야기잖아요!”

그녀는 처음으로 아버지를 한 인간으로 보았다. 아버지라는 역할과 가족에서 분리된 존재로. 그녀는 차분하고 다소 슬퍼 보이는 이 남자와 대화를 나눌 때면 계속해서 생각했다. '이 사람이 내 아버지일 리가 없어.'

어떤 면에서는 그녀가 옳았다. 그는 그녀의 아버지가 아니었다. 적어도 아버지 역할은 하지 않았다. 하지만 그녀는 이 남자를 아버지로만 알고 있었다. 당연히 그럴 수밖에 없었다. 아버지로만 알고 자랐으니까. 그가 아버지이고, 그녀가 딸인 것은 사실이다. 그리고 평행하여 존재하는 또 다른 현실에서 그는 아버지 역할과는 거리가 먼 사람이었다. 하지만 그녀는 그것을 알지 못했고, 알 수도 없었다. 이제 그녀는 그의 새로운 면, 나약하고 가련한 면을 알게 되었다. 그가 그런 모습을 보여주었기 때문이다.

그녀는 이제 선택할 수 있다. 나약하고 가련한 면을 부정하고 거부해 '강하고 권위적이며 무서운 아버지'라는 현실에 머물 수도 있고, 아버지의 새로운 면을 알아갈 수도 있다. 꼭 그래야 하는 건 아니지만 선택할 수 있다. 아버지가 새로운 면을 보여준 것이 (처음에 그녀와 내가 우려했던 것처럼) 아버지의 가스라이팅 시도일 수도 있다. 그러나 그 또한 새로운 면일 테고, 그녀는 이를 알아차리는 즉시 피할 것이다. 그리고 여기서 우리는 당연히 의문을 가질 수 있다.

어째서 그녀는 여전히 이런 아버지 또는 이런 사람과 관계를 유지할까? 혹시 남은 생애 동안이라도 마침내 자상한 아버지를 가져 어린 시절의 좌절된 욕구를 채우고 싶은 걸까? 어쩌면 그녀는 바로 그런 점을 견디기 힘들었을지도 모른다. 그녀는 지금껏 '아버지'라는 단어에서 '사랑'을 연상한 적이 없고, 자상한 아버지를 가져본 적도 없기 때문이다. 그래서 그녀는 이 새로운 관계 구조에서 아버지를 그저 '새로운 사람'으로만 볼 수 있었을 것이다. 그 외 다른 모든 것은 아마도 내적 갈등과 모순만 더 키울 것이기 때문이다. 폭군 같은 아버지를 밀어내는 대신 아버지로서 사랑할 수 있을까? 끊임없이 두려워하는 대신 신뢰할 수 있을까?

여기에는 옳고 그름이 없다. 그녀가 결국 어떻게 했는지, 아버지와 관계를 끊었는지 아니면 계속 유지했는지는 중요하지 않다. 지금 필요한 것은 견디기 힘들더라도 진실이 여러 가지일 수 있음을 머리로만이라도 인정하는 것이다. 모순과 불확실성이 있더라도, 이를 견디고 없애고 싶은 즉각적 충동에 굴복하지 않고 그대로 둬야 한다. 모순처럼 보이는 것을 있는 그대로 두고, 인정하고, 견뎌야 한다. 모순은 우리가 모순으로 보기 때문에 모순이 된다. 원래는 그저 해석의 여지가 많은 것일 뿐이다. 우리가 단순함과 명료함을 지향하지 않는다면, 모호성이 즉각적으로 우리 내면에 모순과 긴장 더 나아가 갈등을 일으키지는 않을 것이다.

내적·외적 불확실성과 모호성을 용인하고 수용하려면, 먼저 그토록 깊이 집착하고 확신하는 이상향, 즉 모순이 없고 대립하는 감정과 욕구와 가치관도 존재하지 않는 절대적 일치의 환상을 버려야 한다. 그러기 위해서는 용기가 필요하다. 이런 환상을 버리면 애써 쌓은 안정감도 깨지기 때문이다. 자기 자신, 타인, 환경에 대해 안다고 생각했던 모든 것이 무너지겠지만, 그 대신 그동안 알지 못했고 그래서 처음에는 불확실했던 다양하고 복합적인 자기 자신과 타인을 알아나가는 새로운 길이 열린다.

다시 말해, 고대하는 정답이 정말로 존재한다면 그것은 하나가 아니라 여러 개다. 로마로 가는 길은 아주 많기 때문이다. 여러 정답 가운데 하나는 분명 모호성 수용, 즉 애매한 상황을 용인하고 견디는 길 위에 있을 것이다.

그러므로 우리는 먼저 내적 갈등을 인식하고 이해해야 한다. 그래야 외부의 상반된 관점, 건설적 갈등, 화해의 타협을 받아들일 수 있다. 회피하고 우회하더라도 나중에는 결국 불편한 길로 돌아갈 수밖에 없고 이 길이 우리를 목적지로, 즉 자각으로 이끌 것이다.

하지만 어떻게 이것이 가능할까? 대립과 모순이 어떻게 조화로워질 수 있을까? 반문함으로써 대답을 대신하겠다. 왜 조화로워야 할까? 모순을 그냥 허용하고, 받아들이고, 견딜 수는 없는 걸까? 내적·외적 일치, 일관성, 합의를 위해 모두가 노력하더라도 나는 이렇게 묻고 싶다. 과연 모순을 없애야만 이런 것을 달성할 수 있을까? 다른 방식으로 일관성을 확보할 수는 없을까? 일관성이 없는 모든 것을 용인하면 된다. 동시에 일어나게 두면 된다. 공존하게 두면 된다. 나란히 머물게 허용하면 된다. 모순을 내적·외적으로 용인하면 된다. 모호성을 수용하면 된다.

2

불확실한 것은
불확실한 채로 두기

옳음과 그름 사이

페르시아의 유명 시인이자 신비주의자인 잘랄레딘 모하마드 루미 *Muhammed Celâleddîn-i Rumi*는 이렇게 썼다. "옳고 그름 그 너머에서 당신과 만나고 싶다." 크게 사랑받는 유명한 구절이니 아마 누구나 한 번쯤 들어봤을 것이다. 그리고 분명 대다수는 이 구절을 읽으며 내적으로든 외적으로든 고개를 끄덕일 것이다. 하지만 왜 고개를 끄덕이는지, 어떤 점에 그토록 깊이 공감하는지 자문해 보는 사람은 거의 없을 것이다.

옳고 그름 그 너머. 소망했던 바로 그 상태에 있는 것처럼 어쩐지 마음이 놓이고 편안하게 들린다. 우리는 잘못된 편에 서고 싶지 않고, 잘못을 저질러 죄책감을 느끼거나 책임을 지고 싶어 하지 않는다. 따라서 우리는 옳은 것도 기꺼이 포기할 준비가 되어 있다. 옳고 그름을 넘어서면, 우리는 서로를 재단하지 않고 순수하게 만나 함께할 수 있다. 어떤 틀에 끼워 넣거나 범주로 분류하지 않아도 된다. 자유가 느껴진다. 아주 큰 불편함을 유발할 수 있는 이 무거운 범주들 너머에는, 그 안에서는 상상조차 할 수 없는 가벼움과 자유가 존재하는 것 같다.

바로 이 중간 지대가 우리에게 해방감과 편안함을 준다. 무거운 책임감, 잘못된 편에 서는 두려움, 옳은 편에 서는 부담을 없앤다. 우리가 목표로 삼고 추구하는 정의가 번번이 함정이었음이 밝혀진다. 안전하다고 믿어 자발적으로 들어간 철창이지만 갑자기 뒤에서 거세게 문이 닫히고, 우리의 충족되지 않은 안전과 통제 욕구가 그 문을 잠가버린다. 나는 여기에 있다. 나는 안전한 곳에 도착했다. 나는 옳은 편에 서 있다. 나는 옳은 사람들과 한편이 되었고, 이제 정의로운 사람에 속한다.

하지만 여기, 옳은 편에는 옳고 그름을 구별하는 명확한 경계가 있다. 이 경계를 넘으면 정의롭다는 인정과 안전의 특권을 잃게 되고, 결국 파멸에 이른다. 반대편, 다른 사람들 쪽, 잘못된 쪽으로 밀려난다. 두 부류로 범주화하는 이런 사고방식에는 오직 옳은 우리와 그른 그들만 있기 때문이다. 그리고 갑자기 하나의 사회, 하나의 '우리'에서 여러 '우리'가 생겨난다. 우리 그리고 그들. 이 여러 '우리'도 각자의 규칙을 만들고, 지켜야 할 선을 긋고, 각자의 사회가 요구하는 범주 안에서 산다. 이 범주는 공동체를 규제하고 '우리'와 다른 '우리'를 분리한다.

그러므로 이런 범주 너머에 있는 공간이 해방감을 주는 것은 당연하다. 설령 아무도 그곳에 살지 않는다고 해도 그렇다. 우리는 사회적으로도, 실생활에서도 이런 공간을 마련하는 데 성공하지 못했다. 또한 개인적으로도 자기 안에 이런 공간을 마련하려 애쓰지 않는다. 그래서 그것을 외부 세계로 확장할 수도 없다.

독일은 다른 나라들보다 극우 세력의 위험성을 더 민감하게 인식해야 하는 나라다. 그런 독일에서 확고한 극우 세력으로 분류되는 정당이 점점 더 많은 지지를 받는 최근의 정치 상황은, 루미가 말한 '옳고 그름 그 너머'와 확실히 거리가 멀다. 문득 궁금하다. 과연 그곳에 가 본 사람이 있을까? 그런 곳이 현실에 존재하긴 하는 걸까, 아니면 아직 만들어지지 않은 걸까? 내 생각에 그것은 어떤 공간이라기보다 하나의 상태에 가깝다. 먼저 저마다 자기 안에 이런 공간을 마련해야 비로소 외부 세계에도 만들어낼 수 있다.

권위주의적 성격

엘제 프렌켈-브룬스비크 *Else Frenkel-Brunswik*는 1908년에 렘베르크

(현 우크라이나 르비우)에서 태어났다. 1914년, 반유대주의 박해로 여섯 살의 어린 나이에 가족을 따라 오스트리아 빈으로 피난을 가야 했다. 빈 대학교 수학 및 물리학과에 입학했지만, 나중에 심리학과로 전과했다. 그러나 오스트리아 역시 나치 독일과 손을 잡아 다시 피난길에 올라 미국으로 이주한다. 이후 아이오와대학교에서 심리학 박사 학위를 받았고, 심리학자 쿠르트 레빈 *Kurt Lewin* 의 영향을 받으며 연구했다.

프렌켈-브룬스비크는 심리학자로서 특히 권위주의적 성격과 반유대주의 연구에 크게 공헌했다. 그녀는 테오도르 아도르노 *Theodor Adorno*, 네비트 샌포드 *Nevitt Sanford*, 다니엘 레빈슨 *Daniel Levinson* 이 1940년대에 수행한 권위주의적 성격 연구에 참여했지만, 남성 동료나 상사들만큼 그 공헌을 널리 인정받지는 못했다.

프렌켈-브룬스비크는 권위주의적 사고방식과 연관된 심리적 특성과 태도를 연구했는데, 이는 독일과 유럽에 등장한 전체주의 정권 때문이었다. 한편, 반유대주의 연구에도 심혈을 기울여 편견과 차별의 심리적 요인을 분석했다. 그녀는 파시스트 이념에 쉽게 빠질 수 있는 성격 구조도 탐구했는데, 대단히 획기적인 연구였다. 또한 정치적으로 매우 시사성 있고 사회적으로도 중요한 의미를 지닌 연구였다. 다시 말해, 프렌켈-브룬스비크는 루미가 '옳음'과 '그름'으로 이름 붙인 바로 그 공간을 탐구했다.

프렌켈-브룬스비크 연구팀이 이 공간에서, 즉 양극단에서 정확히 무엇을 발견했는지는 나중에 다루기로 하자. 그들은 이 연구를 통해 양극단 이외의 공간도 당연히 설명할 수 있었다. 양극단 이외의 공간, 바로 옳고 그름 그 너머였다. 옳고 그름의 범주를 정하고 그 범주의 좁은 경계를 파악하려면, 그 범주의 시작과 끝도 당연히 알아야 한다. 어떤 것이 어떤 범주에 속하고, 또는 속하지 않는지를 이해해야 한다. 두 범주에 속하지 않은 채 그 중간 어디쯤에 존재하는 모든 것은 불확실하고, 불안정하고, 불분명해서 모호하다. 여러 해석이 있을 수 있고, 근본적으로 불명확하다. 명확했다면 특정 범주로 분류할 수 있었을 테니 말이다.

그렇다면 '옳고 그름 그 너머', 루미가 갈망한 그곳은 그저 함정에 불과한 걸까? 모든 것일 수 있지만 동시에 아무것도 아닐 수 있는 불확실한 어두운 공간일까? 아니, 그것도 아니다. 그렇게 정의한다면, 그곳은 다시 명확한 장소가 되기 때문이다. 이곳은 모든 것일 수 있다. 동시에 아무것도 아닐 수 있다. 이 공간은 가장 모호한 설명으로도 설명이 안 된다. 너무 불명확하고 불분명해서 자유와 안도감을 주기는커녕 오히려 무겁게 짓누르는 불확실성을 불러일으킨다. 미리 정해진 경계와 장벽에 둘러싸인 '옳음'과 '그름'의 이분법적 공간에서 벗어나 불확실성이 가득한 곳으로 가는 것은, 그동안 내적·외적으로 쌓아온 질서와 구조, 안전, 통제력 등 나의 모든 것을 포기한다는 뜻이다. 루미, 내가 왜 그래야 하지? 왜 내가 당신을 따라 그곳으로 가서 당신을 만나야 하지?

나는 그곳을 생각만 해도 겁이 난다. 감히 밝히자면, 현대 사회에 맞춰 사회화된 나는 그런 불확실한 곳에서 살아남을 수 있는 기술과 역량을 익히지 못했다. 우리가 사회화를 통해 익힌 기술은 끊임없이 통제력을 추구하여 불확실성과 불안을 회피하는 것이다. 우리는 매우 제한되고 통제된 환경에서 자란다. 어릴 때부터 규칙과 규범을 배우고, 사랑받거나 배척당하지 않으려면 (상황에 따라) 어떻게 행동해야 하는지 알고 있다. 어릴 때부터 "그러면 안 돼", "아니야, 옳지 않아" 같은 말을 많이 배운다. 학교는 "남보다 앞서려면", "성공하려면" 무엇이 필요한지 명확히 알려준다. 학교는 오직 순응과 얌전히 앉아 있기만 가르친다.

고분고분하지 않다는 이유로 어떤 선생님의 눈 밖에 나 몇 년 동안 투명인간 취급을 당하고, 노골적으로 괴롭힘을 당한 적이 있다. 선생님의 규칙이 통하는 세상에서는 그렇게 하는 게 옳은 일이었다. 그러나 내 세상에서는 선생님에게 부당한 괴롭힘을 당하는 친구를 위해 나서는 게 옳은 일이었다. 나는 선생님의 수업 방식을 논리적으로 비판했고 괴롭힘을 당하는 친구를 옹호했다. 그러자 선생님은 즉시 내 입을 막고 벌점을 주었다. 나는 '무례한 발언'에 대해 반성문을 써야 했다. 아무것도 모르면서 함부로 나선 것이 잘못이라고 했다. 반성문에 친구와의 연대를 무례한 발언으로 취급해선 안 된다고 썼는데, 어쩌면 정말로 내가 '아무것도 모르기 때문에' 그랬을 수 있다. 그런데 선생님의 생각처럼 내가 아무것도 모른다면, 어떻게 나의 발언이 무례하다는 것을 알 수 있겠는가? 내가 아무것도 모른다면, 무례가 무엇인지 어떻게 알겠는가? 나는 내가 이해하는 무례한 발언의 정의를 설명하고, 그가 수업 시간에 어떻게 행동하며, 학생들에게 두려움과 공포만 줬는지에 대해 세 쪽 분량의 글을 썼다. 지난 몇 년간의 구체적인 사례를 들어서. 어머니는 내 글을 읽더니 그대로 제출하면 안 된다고 말렸고, 얌전하고 착한 학생이 되라고 설득했다. 선생님 말씀에 고분고분 순종하라고 했다. 어머니는 이주노동자의 자녀로 어린 시절부터 그렇게 배웠기 때문이다.

다음 날 아침, '반성문'을 제출했다. 선생님은 1교시인 수학 시간에 바로 읽었다. 아마도 그는 반성하고 뉘우치는 순종적인 내용을 기대했을 테고, 맞춤법 오류를 지적하며 반 전체 앞에서 나를 조롱할 생각이었을 것이다. 교사로 일하면서 30년 넘게 늘 그래왔듯이, 승리의 기쁨을 맛보려고 했을 것이다. 하지만 나는 그에게 그런 기쁨을 절대 주고 싶지 않았다. 어떤 희생을 치르더라도 그러고 싶지 않았다. 이런 저항이 앞으로 어떤 시련으로 돌아올지 잘 알고 있었지만, 굽히고 싶지 않았다. 그리고 나의 저항은 보람이 있었다. 내 글을 읽는 동안 선생님의 얼굴은 점점 벌겋게 달아올랐다. 나는 내 자리에서 그 모습을 지켜보았다. 동화 《이상한 나라의 앨리스》에 나오는 붉은 여왕이 떠올랐고, 팀 버튼 감독의 영화였다면 지금 이 교실 장면은 분명 아주 화려하고 인상적으로 연출되었으리라 상상했다. 팀 버튼의 환상적인 영화를 상상한 덕분에, 고래고래 소리를 지르며 (자기도 모르게) 침을 튀기는 선생님의 모습을 견디는 게 훨씬 수월했다. 나는 몰래 미소를 지었다. 그동안 열에 아홉은 굴복하고 말았던 내가 이번엔 꿋꿋하게 버텼고 순순히 뉘우치는 태도를 보이지 않았다는 게 무척 자랑스러웠다.

나는 선생님만 읽을 줄 알고, 그런 식으로 '반성문'을 썼다. 그걸 알아차린 그는 교장 선생님에게 보여주고 징계위원회를 소집하겠다고 협박했다.

선생님이 절대 그렇게 하지 못할 것을 알았지만, 그냥 말없이 고개를 끄덕였다. 그가 수업 시간에 실제로 무슨 짓을 했고 교장 선생님과 동료 교사들을 어떻게 험담했는지 다 적혀 있는데, 어떻게 그럴 수 있겠는가. 절대 못 한다. 교장 선생님과 학교 전체로 일이 커지지 않게 하려고 일부러 그가 학교 운영과 다른 교사들을 욕한 내용을 써 두었다.

나 자신과 타인을 위해, 그리고 내 의견을 고수하기 위해 당당히 맞선 것이 그 순간에는 아주 좋았다. 하지만 그 대가를 톡톡히 치러야 했다. 그 뒤로 그는 수년간 나를 괴롭혔고, 기회가 있을 때마다 부당한 벌을 주었다. 교사가 학생보다 훨씬 큰 권력을 가진 사회에서 학생이 할 수 있는 일은 거의 없다. 불복종은 대개 학생에게 불이익으로 돌아온다. 학생은 스스로 생각하고 그 생각을 표현하는 대신 더 큰 권력을 가진 교사에게 복종하고 순응하도록 교육받는다.

학생은 정답과 오답이 있는 문제를 푼다. 수학 문제를 풀 때 배운 것과 다른 방법으로 정답을 도출하면 점수가 깎인다. 그리고 문제 옆에 빨간 펜으로 "정답이지만 풀이 방식이 틀림"이라고 적힌다.

말하자면 하나의 과제, 하나의 해결책, 하나의 올바른 접근 방식만 존재한다. 그 밖의 모든 것은 틀렸다. 우리는 그렇게 배운다. 제한된 가능성의 틀 안에서 행동해야 하고 다른 모든 선택지는 차단된다. 그 사이의 모든 것, 불확실한 길은 모두 피하라고 한다. 그래서 창의적인 해결책이 나올 가능성은 줄어든다.

다시 루미에게 돌아가자. 목적지가 분명하지 않고 모호해서 준비조차 불가능한 여행을 떠난다면 무엇을 챙겨야 할까? 무엇이 필요한지, 여행지가 어딘지, 거기에 무엇이 있는지조차 모른다면 여행 가방에 무엇을 넣어가야 할까?

나는 '준비', '여행 가방', '짐 싸기', '필요한 것', '알아야 할 정보' 같은 단어를 되뇌며 생각했다. 루미가 옆에 있었다면 분명 크게 웃었을 것이다. 루미가 비난의 기색 없이 장난스럽게 웃는 장면을 상상했다. 그는 상대에게 굴욕감을 주지 않으면서 친절을 베풀 줄 아는 사람이다. 아마 그는 나에게 "확실성과 명확성이 불확실성을 망친다. 그러니 불확실한 것은 불확실한 채로 그대로 두어라"라고 말했을 것이다.

물론 나처럼 이렇게 어설프게 표현하지는 않겠지만, 전달하려는 메시지는 명확할 것이다. 명확할 것이다? 행간을 읽을 줄 아는 사람이라면, 내가 방금 나 자신을 비웃었다는 것을 눈치챘을 것이다.

하지만 34년 동안 범주화 사고방식과 명확성 추구에 길들여진 나에게서 어떻게 벗어날 수 있을까? 불확실성을 어떻게 견뎌낼 수 있을까? 이렇게 하려는 의지를 다지고 실천하려면, 먼저 왜 그래야 하는지부터 물을 수밖에 없다. 왜 명확성이라는 안전지대에서 벗어나 확실성의 경계를 넘어 불확실한 곳으로 가야 할까?

솔직히 나 개인적으로는 "루미가 그렇게 말했기 때문이다"라는 대답이면 충분하다. 하지만 누군가 질문했을 때 탄탄한 근거가 뒷받침된 답을 할 수 있도록 파시즘 및 성격 연구로 잘 알려진 프렌켈-브룬스비크에게 돌아가자. 그녀는 모호성 수용 능력을 후천적으로 습득할 수 있는 성격으로 정의했다. 아도르노와 함께한 공동 연구에서 하나의 범주로 묶을 수 있는 일련의 성격 특성을 수집했고, 그 범주를 '권위주의적 성격'이라고 명명했다. 이는 우리가 불확실성과 불명확성을 견디는 능력을 개발해야 하는 이유를 잘 보여준다.

권위주의적 성격은 특정 태도, 가치관, 행동방식을 보이는 성격 구조의 한 유형이다. 이 이론에 따르면, 이런 성격 특성을 드러내는 정도에 따라 권위주의적 성격 여부가 결정된다.

권위에 복종하기, 윤리적 절대주의, 윤리적 문제를 흑백 논리로만 바라보는 경직된 도덕관념이 권위주의적 성격으로 분류된다. 또한 소수자에 대한 공격성, 엄격한 관습 추구, 경직된 사고, 그리고 무엇보다도 사고 패턴이 굳었거나 새로운 아이디어나 관점에 개방적이지 못한 것도 권위주의적 성격으로 분류된다.

물론 이 개념이 자리 잡은 역사적 맥락을 고려해야 한다. 앞서 언급했듯이, 이 연구는 1940년경 제2차 세계대전 중에 시작되었으므로 시대 보정 없이 그대로 적용하면 안 된다. 그러나 이 연구 결과는 성격 연구와 포퓰리즘 및 파시즘 이론에 중요한 토대를 제공했다. 오랜 세월이 흘렀음에도 여전히, 아니 새삼스럽게도 충격적으로 유의미한 의미를 지닌다. 단, 연구할 때 이론적으로만 의미가 있다. 실제 심리치료에는 권위주의적 성격 진단이 존재하지 않는다.

권위주의적 성격은 기본적으로 어떤 사람이 파시스트가 되거나 파시스트처럼 행동할 확률이 얼마나 높은지만 보여준다. 프렌켈-브룬스비크 연구팀은 권위주의적 성격의 특성을 포착하기 위해 파시즘 척도(F-척도)를 개발했다. 그리고 흥미롭게도 이 과정에서 또 다른 상관관계를 발견했다. 연구팀의 주장에 따르면, 파시즘 척도에서 높은 점수를 받은 사람들은 적대감, 권력 지향성, 외재화(개인의 내적 상태를 외부로 투사하는 경향—옮긴이), 경직성을 보였고 해석의 여지를 용인하지 못했다.

'해석의 여지를 용인하지 못한다'는 점에서, 우리는 '해석의 여지를 용인하는 능력'이 존재하며 의도적으로 비수용적 행동을 줄임으로써 이 능력을 습득할 수 있음을 추론할 수 있다. 해석의 여지를 용인하는 능력. 프렌켈-브룬스비크 연구팀은 잔혹했던 나치 시대에 이 대담한 개념을 '모호성 수용 능력'이라고 명명했다.

모호성 수용이란 말 그대로 모호한 것, 불명확하고 불확실하고 다양하게 해석할 수 있는 상황을 용인하는 것이다. 루미가 말한 '옳고 그름 그 너머'로 가는 데 필요한 바로 그 기술이다. 그곳을 향해 길을 나설 때 가방에 넣을 수 있는 준비물이다. 여행 가방에 넣어 두어야 할 해독제다. 낡은 구조, 편협한 사고방식과 신념, 시대착오적 가치관, 집단 간의 경계에서 벗어나고자 할 때 우리가 할 수 있는 유일하면서도 가장 의미 있는 준비다.

프렌켈-브룬스비크 연구팀은 우리가 왜 이렇게 해야 하는지를 이미 1940년에 보여주었다. 이렇게 하지 않으면 우리는 적대적이고, 경직되고, 권력 지향적이고, 공격적이고, 차별적이고, 권위주의적이고, 절대주의적인 성향으로 변할 수 있다. 어쩌면 파시스트가 되거나 그런 사람들을 용인할 위험도 있다. 물론 모호성을 수용하지 못한다고 해서 이런 극단적인 상황으로 치닫는 것은 아니며, 다행히 그런 상황이 생각만큼 그렇게 자주 발생하지도 않는다.

하지만 경직된 사고, 명확한 범주화, 흑백 논리는 물론 개방성 부족 역시 정신건강의 위험 요인이며, 인간관계와 사회생활에 중대한 영향을 미친다. 우리에게 절실히 필요한 능력은 솔직하면서도 도전적인 자기 성찰이다. 나의 첫 책을 읽어본 사람이라면 내가 이를 얼마나 열심히, 끈질기게 강조하는지 잘 알 것이다.

고정관념화와 확증편향

하지만 솔직히 말해 매일 시간을 내서 자신의 사고 과정, 사고 패턴, 주입된 고정관념, 신념, 개인이나 집단의 가치관과 규범 등을 성찰하려 애쓰는 사람이 얼마나 될까? 하물며 이런 것에 의문을 품거나 바꾸려 노력하는 것은 두말할 것도 없다.

우리는 이런 식의 지적에 고무되거나 인상 깊은 인용구에 감명받아 종종 관련 주제의 책을 사기도 한다. 하지만 그 책들은 책꽂이에서 벗어나지 못한 채 먼지만 쌓인다. 아니면 아침에 눈을 떠 출근하기 전까지 잠깐 짬을 내 참된 자아를 찾는 데 도움이 될 거라 약속하는 팟캐스트를 듣고 목표를 이룰 수도 있다. 섣불리 판단하거나 함부로 일반화하고 싶지는 않지만, 우리는 그런 팟캐스트를 진지하게 대하지 않는다. 기본적으로 그 내용을 받아들이는 것이 아니라 그저 정보만 소비하고 있기 때문이다. 이 정보, 저 정보, 하나씩 계속.

이렇게 홍수처럼 밀려드는 정보는 당연히 처리, 저장, 분류되어야 한다. 새로운 내용이 밀리초 단위로 빠르게 쏟아지기 때문에 이런 작업 역시 빠르고 효율적으로 이루어져야 한다. 우리 뇌는 30분 밖에 안 되는 짧은 점심시간에 흡수한 모든 내용을 차분히 살피고 되새길 여유가 없다. 오후 업무가 시작되며 끝없이 쏟아지는 정보의 홍수가 몰아치기 전에 이 모든 내용을 재빨리 분류해야 한다.

그래서 우리는 유사한 사물이나 사람 또는 사건을 그룹으로 묶을 수 있는 사고체계나 개념을 가지고 있다. 이런 범주화는 공통적인 특징이나 속성을 기반으로 한다. 예를 들어 개와 고양이와 물고기는 '동물', 자동차와 자전거와 비행기는 '교통수단'이라는 범주에 넣는다. 각 범주에는 '포유류'나 '항공기' 같은 하위 범주 및 상위 범주가 있어서, 쉽게 예상되듯이, 여러 범주가 상호 연결된 얽히고설킨 네트워크가 만들어진다. 자극의 종류에 따라 상응하는 위치가 활성화되는 거대한 네트워크라고 할 수 있다.

우리는 이런 네트워크로 정보를 빠르고 효율적으로 처리할 수 있다. 이는 흥미로울 뿐 아니라 매우 경제적이고 유용하다. 특히 디지털 시대에 우리가 수동적으로 접하거나 능동적으로 획득한 엄청난 정보량과 자극으로 생길 수 있는 정신적 과부하를 막아준다.

범주화는 주변의 복잡한 세상을 체계화하고 유사한 것을 식별하여 분류하는 데 도움을 주지만, 모든 시스템에는 허점이 있기 마련이다. 범주화의 허점은 '인지 편향'이라는 사고 오류이다.

인지 과정인 범주화는 뇌가 정보를 체계화하는 기본 방식으로, 그 자체로는 사고 오류가 아니다. 그러나 범주화를 부적절하게, 또는 잘못 적용하면 범주화와 관련된 특정 사고 오류가 발생할 수 있다. 예를 들어 우리는 국적, 성별, 직업 같은 특정 범주에 속한다는 이유만으로 특정 능력이나 행동방식을 가졌을 것이라고 쉽게 생각한다. 이것이 고정관념인데 여기서 편견과 차별이 싹튼다.

이렇게 특정 범주에 속하거나 그렇게 보인다는 이유만으로 그 집단 전체에 무분별하게 고정관념이 적용된다. 우리가 그 고정관념을 확신할 수 없다는 사실은 안타깝게도 별다른 역할을 하지 못한다. 우리는 이런 고정관념을 통해 무분별하게 형성한 의견이나 관점, 가정을 확증하고 상투적 사고를 더욱 공고히 한다. 그래서 백인 사회에서는 피부색과 머리카락의 색깔이 더 짙은 사람들을 실제 출생지와 스스로 규정하는 정체성과 상관없이 '외국인'으로 분류하는 일이 흔하다. 그리고 이 '외국인' 범주가 '높은 폭력 잠재성', '위험', '범죄' 같은 특성과 행동방식으로 묘사되는 일 또한 드물지 않다.

숙고 없이 기정사실로 받아들이는 이런 자동적인 묘사와 적용을 우리는 '고정관념화'라고 한다. 이는 의식적인 인지 작업을 거쳐야만 반박할 수 있는 전형적인 사고 오류다.

이런 사고 오류와 더불어 나타나는 또 다른 인지 오류가 있다. 바로 '확증편향'이다. 기존의 신념이나 고정관념을 뒷받침하는 정보만 선호하는 경향이다. 확증편향에 빠지면 고정관념을 확증하고 강화하기 위해 의도적으로 기존의 생각을 '입증'해 주는 정보만 찾는다. 예를 들어 '외국인'이 실제로 '범죄'를 많이 저지른다는 뉴스는 관심 있게 보지만, 자신이 분류한 '외국인' 범주에 속하면서 범죄를 저지르지 않는 사람들은 못 본 척한다. '외국인' 범주에 속할 만한 외모적 특성을 가진 의사가 있다면, 그 사람은 '예외'에 가깝거나 여느 외국인과는 뭔가 다른 사람이라고 여기는 것이다. 이처럼 반대 증거를 무시하거나 자신의 의견을 뒷받침하는 정보만 찾을수록, 위험한 가정과 고정관념은 더 굳건해지고 결국 직접적인 차별로 이어진다.

이런 여러 사고 오류를 인지하지 못한 채 자신의 생각에 의문을 품지 않고 기존에 가정한 것만 확증한다면, 우리는 점점 더 경직된 범주화 사고의 틀에 빠져들어 '안전'이라는 달콤한 환상에 사로잡힐 위험이 크다. 이 환상은 처음에는 불편한 현실에서 벗어날 수 있는 안락한 도피처가 되겠지만, 결국 우리 자신과 주변 사람 그리고 사회적 상호작용에 대단히 위험하다.

루미는 옳고 그름의 이분법 너머에 있는 공간을 이야기했다. 그곳에서 우리는 미지의 세계와 다채로운 삶에 마음을 열 수 있다. 자신의 사고 패턴에 갇히면, 세상을 이분법으로만 바라보며 경직된 신념에 빠지기 쉽다. 하지만 옳고 그름 사이의 공간에 마음을 열면, 다양성의 아름다움과 삶의 복합성을 깨닫게 된다.

진정한 깨달음과 결합은 바로 이런 중간 지대에서 시작된다. 자신의 생각에 의문을 품고 기존에 굳게 믿고 있던 것을 돌아볼 때 우리는 열린 마음과 이해의 공간으로 들어간다. 그곳에서 우리는 경직된 사고의 틀에서 벗어나 다른 사람과 같은 눈높이에서 만날 수 있다. 그곳은 성장과 상호 존중의 장소이다. 여기서 우리는 진정한 관계를 맺고 자기 자신과 타인을 더 깊이 이해할 수 있다.

3

극단을 오가는 삶에는
회색 지대가 없다

흑과 백 사이

일반적인 특성을 말하자면, 색채는 절반의 빛과 절반의 그림자로 이루어져 있다. 그래서 색채가 서로 섞이면 각자 지닌 고유한 특성이 상쇄되고 그림자가 도드라져 회색으로 보인다.

요한 볼프강 폰 괴테,《색채론》

괴테가 말한 "절반의 그림자"는 색채가 빛 또는 그림자가 아니라 빛과 어둠 사이에 있는 중간 단계임을 일깨운다. 색채는 밝은 색조와 어두운 색조로만 존재하지 않는다. 빛의 강도와 배경에 따라 무수한 중간 색조와 명암을 띨 수 있다. 우리의 행동이나 감정이 변하는 것과 마찬가지로. 신념과 견해, 이념을 형성하는 우리의 사고 역시 이런 "절반의 그림자"를 인식하고 허용함으로써 변화할 수 있다. 그렇게 우리는 빛과 어둠이라는 양극단에서 나와 그 사이 어디쯤, 즉 회색 지대로 향하게 된다.

"회색을 칠해 보지 않은 사람은 화가가 아니다." 폴 세잔*Paul Cézanne*의 말이다. "회색을 사색해 보지 않은 사람은 철학자가 아니다." 페터 슬로터다이크*Peter Sloterdijk*는 단언했다. '회색', 즉 중간 색조를 받아들임으로써 우리는 세상이 항상 옳고 그름, 선과 악, 흑과 백이라는 단순한 이분법으로 존재하는 것이 아님을 깨닫는다. 현실은 우리의 삶을 풍요롭게 할 수 있는 수많은 회색톤과 중간 색조로 이루어져 있다.

그러나 정신건강의학의 도움이 필요한 사람들이 경험하는 세상은 중간 색조를 띠고 있지 않다. 그들의 세상은 흑과 백으로 엄격히 나뉘어져, 미묘한 뉘앙스 차이와 중간 색조를 위한 공간이 없다. 예컨대 경계성 인격장애를 겪는 사람들에게 이런 이분법은 냉엄한 현실을 안겨줄 수 있다.

극단으로 점철된 삶에서는 중간 색조가 사라져 버리고, 모든 상황이 옳고 그름, 선과 악, 사랑과 증오라는 절대 범주로 나뉜다. 세상은 양극단만 있는 만화경이 되고, 그 양극단 사이에 존재하는 미지의 세계를 위한 공간은 없다.

흑백 논리가 종종 위안과 안정감을 주는 것처럼 보이지만, 우리를 끝없는 분노와 절망의 악순환에 가두는 함정이 될 수도 있다. 특히 인간관계에서 그렇다. 연인이나 부부 관계에서 감정적 유대감 때문에 자기 자신을 완전히 잃어버리는 느낌을 경험한 적이 있을 것이다. 성격 장애가 없더라도 그럴 수 있다. 겉보기에 아주 자연스럽게, 거의 자동적으로 의식적인 과정 없이 '나'에서 '우리'로 바뀐다. 이런 변화는 삶과 의식, 감정 속으로 스며들어 어떤 관계에서는 '나'를 버린 탓에 결국 머지않아 '우리'도 깨지고 만다.

내가 담당했던 한 환자는 약 2년간의 연애 끝에 자아와 소망, 욕구, 경계, 감정 등 모든 감각을 잃은 기분이라고 말했다. 그녀는 더 이상 자기 자신을 알지 못했고 오직 애인과 함께 있는 자신만 알았다. 다행히 모든 연인 관계가 이런 건 아니다. 관계를 더 의식적으로 이어가고, 자기 자신과의 관계를 꾸준히 성찰하며 자동적으로 '나'에서 '우리'로 변하는 과정을 막는다면 이런 자기 상실감은 생기지 않는다. 그렇더라도 오늘날 주류 사회가 정의하는 친밀하고 장기적인 관계를 유지하려면 어느 정도의 자기희생과 자율성을 포기하는 게 필요하고, 각자의 한계와 욕구 사이에서 끊임없이 균형을 잡아야 한다.

종종 '나'의 일부를 불가피하게 포기해 '우리'를 형성하는데, 자신을 조금도 내어주지 않고는 서로 신뢰하는 친밀하고 끈끈한 유대감을 형성하고 유지할 수 없기 때문이다. 하지만 이 과정을 좀 더 주의 깊게 의식적으로 살피지 않는다면, 대개 감정이 요동치고 호

르몬이 솟구쳐 주의를 기울이지 않는 경우가 많은데, 건강하고 의식적이며 제한적인 자기희생은 전면적이고 통제되지 않는 해로운 자포자기로 이어질 수 있다. 그렇게 되면 결과는 하나뿐이다. 연인 관계 밖에서는 자기 자신을 느끼거나 알지 못하고 감정적으로 애인에게 완전히 의존하게 된다.

앞서 언급한 내 환자는 남자친구가 혼자 여행을 가거나 하루 이상 연락이 닿지 않으면 이별의 두려움에 몹시 불안해했다. 그녀는 남자친구 없이 홀로 남겨진 기분을 도저히 견디지 못했고, 그 불안은 또 다른 극단으로 이어졌다. (실제로 불안해할 근거가 전혀 없는데도) 남자친구가 돌아오지 않을까 봐 불안할 때면, 완전히 연락을 차단하는 정반대의 극단적 태도로 대처했다.

그녀는 지금까지 그리고 이전 관계에서도 이런 적이 없었던 터라 자신의 행동에 스스로도 매우 놀랐다. 양극단을 오가는 이런 기복이 건강하고 원활한 관계에 매우 해롭다는 것을 잘 알았고, 그로 인해 이미 관계가 많이 망가졌다는 것도 알고 있었다.

그러나 모두 알고 있듯이, 한 극단에서 다른 극단으로 치닫는 것은 사고 오류에서 비롯된다. 물론 상황은 제각각 다를 수 있다. 복합적인 문제가 상반되거나 모순되는 양극단으로 나뉘는 것도 사고 오류에서 비롯될 수 있다. 영원히 내 곁에 머문다 VS 다시는 돌아오지 않는다. 조건 없이 나를 사랑한다 VS 다른 사랑을 찾아 나를 떠난다.

이분법적 사고

심리학에서는 이런 양자택일 사고방식을 '이분법적 사고'라고 한다. 이분법적 사고는 우울증이나 경계성 인격장애 같은 정신질환에서 나타날 수 있는 사고 오류다. 하지만 특별히 정신적으로 문제가 없거나 그 사이에 있는 사람들도 이런 오류에 빠질 수 있다. 이런 사고 오류에서 완전히 자유로운 사람은 없다.

이분법적 사고에서는 복합적인 생각이나 상황이 항상 상반되며 극단적인 두 범주로 축소되기도 한다. 이는 미묘한 차이를 무시하거나 간과하는 흑백 논리의 한 형태이다. 이런 사고방식을 가진 사람은 회색 지대를 고려하지 않고 세상을 '이것 아니면 저것'으로 나누는 경향이 있다. 그러니까 모든 것이 검지 않으면 희고, 옳지 않으면 그르며, 선하지 않으면 악하고, 사랑이나 증오냐 둘 중 하나다. 그 사이에 있는 모든 것을 무시하거나 인정하지 않는다. 내 환자도 그랬다. 그녀의 애인은 (함께 있을 수 없더라도) 정기적으로 연락하고, 애정을 쏟고, 사랑한다고 말했다. 하지만 그녀는 이 사실을 인정하지 않았다. 애인의 말과 행동은 그녀가 정한 두 개의 엄격한 범주에 속하지 않았다. 그녀에게는 단 두 가지 선택만 있었다. 떠나거나 곁에 머물거나. 사랑하거나 바람을 피우거나.

역설적이게도, 이 엄격한 두 가지 분류가 그녀에게 결핍된 안정감을 되찾아 준다. 그녀는 애인의 사랑을 완전히 확신하거나(애인이 곁에 있으면), 아니면 상처받을 위험을 없애기 위해 애인을 완전히 멀리하고 모든 연결을 회피한다. 그녀에게 두 범주 사이에 있는 모든 것을 견뎌야 하는 일, 두 가지 절대적 진실 중 어느 쪽이 맞는지 알 수 없는 불확실성, 그리고 끊임없이 흑인지 백인지를 따지는 것은 너무나 힘겹다.

반면 양극단에 자리한 두 범주는 각각 결핍되었던 안정감을 준다. 어느 쪽이든 그녀는 자신의 처지를 알고 어떻게 행동해야 할지 안다. 두 범주는 상황을 통제할 수 있게 해주고, 무엇보다도 견디기 힘든 강렬한 감정을 제어할 수 있게 해준다. 이것이 바로 이런 사고 오류의 장점이자 단점이다. 이분법적 사고는 상황을 통제하고 있다는 기분을 안겨 주고, 안정감이라는 환상에 빠트린다. 우리는 불편한 진실보다 환상 속 안정감을 선호한다.

그러므로 이분법적 사고는 모호성 수용의 천적이다. 이분법적 사고는 모호성, 그러니까 중의적이거나 애매하거나 불확실한 것을 허용하지 않는다. 그럴 만한 이유가 있다. 이분법적 사고는 환상적인 확실성을 주는 반면, 모호성은 본질적으로 불확실성을 불러일으키기 때문이다.

얼마 전, 부조리한 세상에 대해 이야기하는 한 소셜 미디어 게시물에서 이분법적 사고와 표현을 적나라하게 보여주는 전형을 보았다. "이 문제에 침묵하는 사람들은 인권이라는 단어를 다시는 입에 올려선 안 된다!"라는 문장이 어두운 배경에 흰 글씨로 적혀 있었다. 흑과 백의 대비. 더하여 이것 아니면 저것. 게다가 극단적인 표현. 6,935명이 '좋아요'를 눌렀다. 이 문장은 절대성, 단순화, 경직성, 흑백 논리, 양극화 등 이분법적 사고의 모든 특징을 담고 있다. 바로 이런 특징이 이분법적 사고가 개인적으로나 사회적으로나 얼마나 위험한지를 잘 보여준다.

절대적으로 생각한다는 것은, 회색 지대나 미묘한 차이를 인정하지 않은 채 어떤 대상을 절대 참이나 절대 거짓, 절대 선이나 절대 악으로 여긴다는 뜻이다. 심지어 자기 자신도 그런 식으로 단정 짓는다. 이에 따르면, 우리는 '완벽한 사람' 아니면 '실패자', '똑똑한 사람' 아니면 '멍청이', '사랑스러운 사람' 아니면 '혐오스러운 사람' 중 하나다. 그 사이에는 아무것도 없다. 그 결과 우리는 자신의 실수와 결점을 용서하지 못하고, 지나치게 자기 비판적이고, 완고해진다. 스스로 세운 절대 기준에 결코 도달하지 못하니, 결국 자기 자신을 거부하고 공격하여 스스로 벌한다.

단순화한다는 것은, 실제로 매우 복합적인 상황이나 문제를 간단한 공식이나 명확한 범주로 축소한다는 의미다. 이는 종종 과도한 일반화로 이어진다. 예를 들어 정신질환은 공론장에서 자주 단순화되어 다뤄진다. 그 결과 정신질환에 대한 낙인은 더 커진다. 이를테면 이런 식이다. 우울증을 앓는 사람들은 그저 게으른 것이니 스스로 마음을 다잡아야 한다. 불안 장애를 앓는 사람들은 불편한 상황을 피하기 위한 핑계를 찾고 있을 뿐이다.

　일반화된 가정을 바탕으로 상황을 단순화하는 것은 다른 사람뿐 아니라 자기 자신에게도 해롭다. 예를 들어 새로운 직원과 친해지려고 시도했는데 상대방이 불친절한 반응을 보이면, 이분법적 사고는 금세 지나치게 일반화된 잘못된 결론으로 이어진다. '그 사람은 나와 잘 지낼 생각이 없고, 나를 싫어해. 아무도 나를 좋아하지 않아. 나는 늘 혼자일 수밖에 없을 거야.'

　확고한 범주화에만 집중하는 사고방식 때문에 변화에 유연하게 적응할 수 없다면, 우리는 다른 해석을 허용하지 못한다. 허용은커녕 오히려 자신의 사고방식을 뒷받침할 증거를 찾는다. "버스 기사가 오늘도 내 인사를 받지 않았어. 내가 뭐랬어! 아무도 나를 좋아하지 않는다고 했잖아."

　우리는 흑백 논리 속에서 양극단에 머물며 회색 지대를 고려하지 않는다. 그리고 이런 양극화는 둘 또는 그 이상의 상반된 입장의 대립이나 차이를 더욱 두드러지게 한다. 따라서 양극단을 강조하고 중간 입장을 경시하거나 무시하면 필연적으로 갈등이 발생한다.

　우리를 파괴하며 모두의 공존을 위협하는 위험한 이분법에서 벗어나는 길은 명확하다. 중간 입장, 회색 지대, 그 사이. 중간 지대에 있는 모든 것을 인정하고 받아들이기. 중의성 수용. 모호성 수용. 그것이 탈출구가 될 것이다. 그런데 우리는 왜 이렇게 명확하게 놓인 이 길을 가지 않는 걸까?

첫째, 빠르고 효율적이며 간단한 이분법적 분류와 달리 훨씬 많은 에너지가 들기 때문이다. 둘째, 모호성 수용은 단기적으로 해결할 수 없는 더 많은 문제를 가져오기 때문이다. 모든 모호함, 모든 중의성, 모든 애매함, 모든 불명확성, 모든 불확실성은 불안과 걱정을 낳고, 두려움과 불안을 키우며 잠재적 통제력 상실로 이어진다.

우리는 양극단에 무엇이 있는지 잘 안다. 명확하게 정의된 입장이고, 우리는 그저 둘 중 하나를 빠르게 결정하기만 하면 된다. A 아니면 B? 오른쪽 아니면 왼쪽? 검은색 아니면 흰색? 결정하고 나면 명확해진다. 결정한 쪽이 어떤 태도와 가치를 대표하는지 명확하다. 따라서 내가 어떻게 행동해야 하고, 무엇을 생각해야 하며, 어떤 의견을 대변해야 하는지도 명확해진다.

반면 모호성, 즉 중간 지대에서 무엇이 기다리고 있는지 우리는 알 수 없다. 수많은 선택지와 가능성, 의견과 태도, 차이점과 관점을 우리는 제대로 인식할 수 없다. 그래서 태도를 명확히 하고 특정 집단이나 입장에 동참하기가 어렵다. 우리가 이분법적 사고로 도망치지 않고 모호함을 견디려면 스스로 생각하고, 책임을 지고, 선입견 뒤에 숨지 말아야 한다. 우리는 배우고 발전해야 한다. 다른 입장을 알고 받아들임으로써 더 사려 깊고 현명한 태도를 가져야 한다. 이는 다른 입장에 반대하기 위해서가 아니다. 다른 사람들이 어떤 과정을 거쳐 그런 입장에 도달했는지 이해하기 위해서다.

모호성은 나와 다른 견해를 거부하거나 무시하지 않고도 나의 견해를 유지할 수 있게 해준다. 이는 반드시 습득해야 하는 자기 확신의 한 측면이다. 하지만 그러려면 먼저 불확실성을 견뎌야 한다.

그러나 불확실성과 통제력 상실은 엄청난 에너지와 자원을 소모한다. 우리는 이를 감내해야 하는데, 항상 그렇게 할 수는 없다. 당장 해결해야 하는 다른 문제들이 있거나, 성찰적 사고와 인지적 유연성을 제대로 배우지 못했기 때문일 수도 있다. 어쩌면 복잡하고 어려운 것보다 빠르고 단순한 쪽을 선호하기 때문일 수도 있다.

그렇지만 우리는 단순화로 해결할 수 없는 세계 정세와 점점 더 복잡해지는 문제와 직면하고 있다. 코로나19 팬데믹, 백신 논쟁, 편협한 사고방식과 음모론, 기후위기, 테러, 전쟁, 기근 같은 문제가 그렇다. 그리고 동시에 사치품이나 웰빙 제품 광고도 매일 쏟아진다. 소중한 당신을 위해 자신에게 선물하세요! 기후위기로 또 대홍수가 발생했습니다. 모두의 필수템, 놓치지 마세요! 중동 전쟁으로 우리 모두 위험해질 수 있습니다. 당신의 집을 더욱 포근하게 꾸며보세요! 예멘의 기근이 계속되고 있습니다. 지금 바로 주문하시고 빠른 배달 서비스를 공짜로 누려보세요!

어딘가에서는 아이들이 굶주리고 있는데, 나만 배불리 먹어도 될까?

탄소 배출로 기후위기에 일조한다는데, 비행기를 타고 휴가를 떠나도 될까?

어떤 사람들은 추위에 떨고 있는데, 나는 따뜻한 집에서 편히 지내도 될까?

누군가는 죽음을 눈앞에 두고 있는데, 나는 이렇게 속 편히 살아도 될까?

다양한 현실이 공존하는 시대에 자연스럽게 떠올릴 수 있는 질문들이다. 세상은 예나 지금이나 변함없는 모습이지만, 지금은 초 단위로 업데이트되는 인터넷 덕분에 전 세계에서 일어나는 거의 모든 일을 실시간으로 알 수 있다. 이 상황에 어떻게 대처해야 할까?

언뜻 타당해 보이는 이 질문들도 사실 이분법적 사고의 결과일 뿐이다. 양극단을 대비시켜 마치 세상이 기아와 폭식, 완벽한 평화와 파괴적 전쟁, 삶과 죽음만 있고 그 사이에는 아무것도 없는 것처럼 보고 있다. 그러나 세상에는 수많은 불의, 차별, 여성 멸시, 인종주의, 폭력, 전쟁, 비참함이 존재한다. 그리고 이분법, 이원론, 범주화로 발생한 문제들은 이분법, 이원론, 범주화로 해결될 수 없다.

우리 부모님은 튀르키예에서 태어나 어린 시절 독일로 이주했다. 두 분은 이주 노동자의 자녀였고, 두 가지 정체성으로 갈라진 삶을 살았다. 독일에서 나고 자라 독일인으로서의 정체성을 당연하게 여기는 나 같은 2세대보다 훨씬 더 심각한 정체성 혼란을 겪었을 것이다.

어린 시절에는 여름방학이면 자주 튀르키예로 가서 친척들과 시간을 보냈는데, 점차 그 횟수가 줄다가 마침내 아무도 가지 않게 되었다. 부모님은 친척들의 뻔뻔함에 화를 내곤 했는데, 부모님이 감당할 수 없는 돈이나 다른 값비싼 선물을 끊임없이 요구했기 때문이다. 그럴 때면 부모님은 항상 이렇게 말했다. "우리가 독일에서 돈나무를 키우는 줄 안다니까!"

튀르키예에 있는 친척들은 독일에 대한 특정 이미지를 가지고 있었는데, 아무리 설득력 있는 사실을 말해도 그 이미지를 바로잡을 수가 없었다. 독일에는 가난 자체가 없다고 믿는 것 같았다. 원하는 선물을 주지 않으면 그저 '너무 인색한' 것이고, 경제적 어려움을 이야기하면 '거짓말'이라고 받아들였다. 그들에게 그 중간은 없었다. 독일에 살면 무조건 부자이고, 독일로 이주할 기회가 없으면 평생 가난하게 살 팔자라고 믿었다. 자신들이 궁핍하지 않고, 재정 및 건강 면에서 꽤 잘 지내고 있다는 사실을 인정하지 않았다. 이 이야기를 듣고 튀르키예 외딴 시골 마을의 가난한 사람들을 떠올렸다면 그건 오해다.

오랫동안 튀르키예의 친척들이 어쩌다 독일에 대해 그런 이미지를 가지게 되었고, 그렇지 않다는 수많은 증거가 있음에도 독일에 대한 환상을 바로잡지 못하는 이유가 궁금했다. 아마도 간단함과 안정감 때문일 것이다. 그리고 안타깝게도 실제로 이런 이유인 경우가 많다. 복잡한 문제와 다양한 현실을 고려하지 않은 채 엄격한 범주로 나누면, 고맙게도 자신의 복잡한 삶도 자동으로 간단해지기 때문이다. '독일에 살지 않으면, 삶을 바꿀 기회를 얻을 수 없다.' 이런 식으로 말이다. 그들은 자신의 삶에 만족하지 못하고, 더 많은 것을 바라거나 기대하면서도 주어진 기회를 이용하지 않고 그저 불만을 표출함으로써 주관적 비참함에서 벗어나기를 바랐던 것이다.

투영

이와 관련해 반드시 주목해야 할 심리학 개념이 있다. 바로 '투영'이다. 투영은 마음에 들지 않는 자신의 생각, 감정, 특성을 타인에게 투사하거나 전달하는 내면의 심리적 과정이다. 내면의 갈등이나 불편한 감정을 자신의 의식 밖으로 내보내기 위해 타인이나 외부 상황에 전가하는 방어 기제이다.

예를 들어 튀르키예에 있는 친척들은 금전적 지원을 원했고, 만족스럽지 못한 삶의 책임을 다른 사람에게 돌리려고 했다. 바로 그때 이런 투영의 대상으로 안성맞춤인, 독일에 사는 특권을 누리는, 우리 부모님이 그들 앞에 나타난 것이다. 그들은 자신의 불만을 우리 부모님에게 전가할 수 있었고, 부모님이 제공할 수 없거나 제공할 마음이 없는 수준의 금전적 지원을 요구했다. 이때 그들은 경직된 범주화에 갇혀 있었고, 그 사이의 진실은 전혀 인정하지 않았다.

이분법적 사고와 모호성 배척, 그리고 투영은 완벽한 비극의 조합이다. 이런 요소는 자신과 타인, 그리고 자기 삶을 최대한 오랫동안 끊임없이 불평하는 데 필요한 모든 조건을 제공한다.

첫째, 아무리 복합적인 상황이라도 모든 것을 단순화하고 엄격히 범주화한다. 둘째, 미묘한 차이를 인정하지 않음으로써 자신의 불안감을 외면하고 결국 그 불안을 해결하지 못한다. 셋째, 자신의 불안을 스스로 책임지지 않고 주변 사람에게 떠넘긴다. 그래서 이렇게 생각하게 된다. '내가 불행한 건 애인의 잘못이야.' 또는 '내가 나쁜 사람과 연애를 하는 건, 어렸을 때 부모님과 좋은 애착 관계를 형성하지 못했기 때문이야.' 상담을 하다 보면 이와 비슷한 말을 자주 듣는다. 진짜 문제는 이 진술들이 완전한 거짓도 완전한 진실도 아니라는 점이다. 절반의 진실이다.

어린 시절 부모와 어떤 애착 관계를 형성했느냐가 성인이 되어 맺는 관계에 영향을 미칠 수 있다는 건 사실이다. 하지만 어른이 되어 맺는 관계는 스스로 책임을 져야 하고, 변화를 원한다면 적극적으로 노력해야 하는 것 역시 진실이다. 부모에게 모든 책임을 떠넘기는 것이 지금 당장은 마음이 편해지고 편안한 해결책처럼 느껴질 수도 있지만, 우리를 발전시킬 수는 없다. 스스로 행동하기 위해서는 책임지는 것도 필요하기 때문이다. 다른 사람에게 책임이 있다고 생각하면, 스스로 행동할 욕구도 느끼지 못한다. 내가 책임을 전가한 누군가가 움직여 무력한 비참함에서 나를 구원해 주기만을 바라며 기다릴 뿐이다.

애인이 언제나 내가 원하는 대로 행동하지 않는다는 것은 진실일 수 있고, 나를 불행하게 할 수 있다. 하지만 또 다른 진실이 있다. 내 행복은 내 책임이다. 다른 사람을 내 불만과 좌절을 투영하는 대상으로 악용해선 안 된다. 하물며 그것을 '사랑'이라고 불러서도 안 된다. 또한 스스로 구원자가 될 수 있는데도, 다른 사람이 구원해 주기를 기다리는 상황에 스스로 들어감으로써 자신을 학대해서도 안 된다.

사고 오류와 투영, 이 두 개념은 주관적 감정과 단순화된 관점에 기반한다. 그래서 현실을 있는 그대로 보지 못하게 왜곡하여 인식하게 한다. 그 결과 자신과 타인, 그리고 상황을 인식하는 방식도 왜곡하여 인간관계와 삶의 질은 물론 심리적 안녕에도 막대한 악영향을 미친다. 이는 모호성 배척과 더불어 불행한 삶의 지름길이 된다.

하지만 바로 이 지점에서 우리는 모호성을 받아들이는 능력을 키울 수 있다. 세상에는 하나의 진실만 존재하는 게 아니고, 상황은 복합적이고 중의적일 수 있으며, 그로 인해 발생하는 불확실성은 위험이 아니라 오히려 안정감을 줄 수 있음을 믿고 받아들이는 연습을 한다면, 사고 오류와 투영에 쉽게 빠지지 않을 것이다. 오해, 반복되는 다툼, 부정적 사고 패턴에 쉽게 갇히지 않을 것이고, 인지적 유연성이라는 유용한 기술을 단련하게 될 것이기 때문이다.

이분법과 흑백 논리로 점철된 세상에서 괴테의 "절반의 그림자"라는 은유는, 현실이 보기와 달리 매우 복합적이라는 사실을 일깨워준다. 색채가 단순히 밝거나 어둡지 않듯이, 관계 또한 단순히 좋음과 나쁨, 옳고 그름으로만 나뉘지 않는다. 관계의 회색 지대는 뚜렷한 경계만큼이나 중요하다. 우리 인간의 경험이 다채롭고 미묘하게 다르다는 것을 보여주기 때문이다.

모호성을 받아들이고 관계의 회색 지대를 인정함으로써 우리는 더 깊은 관계를 맺고 서로를 더 잘 이해할 수 있다. 자신과 상대의 복잡한 감정을 이해하고 인정할 줄 알게 된다. 이런 태도는 관계를 더 건강하고 풍요롭게 할 뿐 아니라, 나아가 내면의 안정감을 주어 외부의 불확실성에 쉽게 흔들리지 않게 한다.

명확한 정답과 확고한 신념을 요구하는 세상에서 회색을 용인하는 능력은 회복탄력성과 이해의 귀중한 원천이 될 수 있다. 흑과 백 사이의 모든 것을 포용함으로써 우리는 인간관계의 아름다움과 복합성에 마음을 열고 더 깊은 차원의 유대와 공감에 도달할 수 있다.

4

모든 소아성애자가
성폭행범일까

의견과 의견 사이

열띤 토론이나 논쟁에서 종종 확고한 다짐처럼 들리는 말이 있다. "내 의견은 이렇고, 바꿀 생각이 전혀 없습니다!" 흔히 들을 수 있는 평범한 말 같지만, 그 뒤에는 더 깊은 차원의 두려움이 숨어 있다. 자신의 의견이 반박당하거나, 더 나아가 무시될 수 있다는 두려움이다. 이런 말은 무슨 일이 있어도 자신의 의견을 고수하겠다는 다짐의 강조이기도 하다.

도대체 왜 이렇게까지 강조할까? 자신의 의견을 바꾸는 일을 왜 그렇게 두려워할까? 의견을 바꾸면 약해 보여서? 아니면 틀렸다고 인정하는 꼴이 되거나 그로 인해 받게 될 처벌이나 수치심 때문에? 누구나 잘못된 편에 서고 싶어 하지 않는다. 이해할 만하다. 하지만 진실을 더 깊이 탐구해서 이런 두려움을 극복하는 편이 더 낫지 않을까?

진실을 보다 깊이 탐구하는 일은 분명 훨씬 더 힘들 테고, 처음에는 더욱 큰 불확실성을 초래할 것이다. 반면 옳고 그름으로 구분하면 상황을 쉽고 빠르면서도 명확하게 파악하는 것처럼 보인다. 50 대 50의 확률로 자신이 옳은 것처럼 느껴지기 때문이다. 그러나 문제는 이런 이분법적 구분이 진정성 있는 태도를 기르는 대신 쉽고 빠른 의견을 선택하게 한다는 점이다.

오늘날 우리가 살아가는 세상에는 아무리 복잡한 주제라도 누구나 자기 의견이 있다. 하지만 안타깝게도 진정성 있는 태도에 필요한 깊은 이해는 부족할 때가 많다. 그 결과 감정이나 편견 또는 불완전한 정보에 의해 피상적인 의견이 형성되고, 결국 갈등과 오해로 이어지는 경우가 많다.

의견을 바꾸는 것을 두려워하는 태도는 통제 및 안정 욕구와도 관련이 있을 수 있다. 우리는 자신의 의견에 집착하고, 그것을 고수하겠노라 강조함으로써 일정 정도 안정감과 자신감을 유지하려고 한다. 하지만 자신의 의견을 성찰하고, 필요하다면 바꿀 수 있는 능력은 성숙함과 정신적·인지적 유연성의 증표다. 자신의 오류를 인정하고, 새로운 정보와 관점에 마음을 여는 데는 용기가 필요하다. 이런 끊임없는 성찰과 조정 과정을 통해 진정성 있는 태도가 길러

지고, 더 깊은 통찰력을 갖게 되며 다른 사람들과 연대할 수 있다.

결국 우리는 두려움 없이 자신의 의견을 바꿀 수 있어야 하고, 새로운 아이디어와 관점, 경험에 마음을 열어야 한다. 자신의 의견을 신성불가침의 대상처럼 여기지 않고 시간에 따라 달라지고 진화할 수 있는 것으로 여길 때, 우리는 성장할 수 있고 세상을 보는 관점도 넓힐 수 있다. 이를 실현하는 방법이 바로 '인지적 유연성'을 기르는 것이다. 다른 관점을 수용할 수 있는 인지 능력도 필요하기 때문이다.

인지적 유연성

인지적 유연성이란 뇌가 새로운 상황에 적응하고, 과제나 사고방식의 변화에 맞춰 스스로를 조정하며 다양한 개념을 통합할 수 있는 능력을 말한다. 이 능력은 인지적 처리의 핵심 요소이고, 여러 정신활동에서 중요한 역할을 한다. 인지적 유연성에는 높은 수준의 모호성 수용 능력이 필요하고, 높은 수준의 모호성 수용 능력에는 인지적 유연성이 필요하다. 둘은 떼려야 뗄 수 없는 관계로, 한쪽을 훈련하면 자연스럽게 다른 한쪽도 강화된다. 두 가지를 동시에 얻을 수 있다니, 이 얼마나 아름답고 자연스러운 상호작용인가. 물론 하나를 잃으면 두 가지를 한꺼번에 잃게 되는 셈이니 비극적 손실이기도 하다.

　즉흥극을 예로 들면 이렇다. 배우들은 정해진 대본이나 정확한 줄거리 없이 무대에 오른다. 배우들은 관객이 제안하는 장면을 즉흥으로 연기해야 한다. 이때 그 장면에 관객을 참여시키는 경우도 더러 있어서 어떤 사람들은 즉흥극을 꺼리기도 한다. 그들은 같이 연기를 해야 하거나 즉흥적인 아이디어로 극의 흐름에 영향을 끼치게 되는 위험보다는 관찰자로 누리는 안정감을 원한다. 정해진 대본과 암기된 대사로 진행되는 극이 제공하는 통제와 안정을 선호한다.

　즉흥극이 진행되는 동안 배우들(그리고 극에 동참하게 된 일부 관객)은 놀라울 정도로 높은 수준의 인지적 유연성을 보여준다. 이야기의 전개에 따라 끊임없이 다양한 인물, 감정, 줄거리를 바꿔가며 연기한다. 새로운 상황에 재빨리 적응하고, 동료 배우의 즉흥적 아이디어에 반응하고, 예상치 못한 사건에 유연하게 대처해야 한다. 그러려면 새로운 상황에 맞게 자신의 행동과 대사를 조정할 수 있어야 한다. 또한 동료 배우들의 생각에 열린 마음으로 임하고, 극 전체에 이롭도록 자신의 아이디어를 기꺼이 바꿀 준비가 되어있어야 한다. 따라서 인지적 유연성은 즉흥극의 성공에 매우 중요한 요소다. 인지적 유연성은 모든 참여자가 역동적인 상황에 적응하고, 창의적 해결책을 찾게 해주고, 관객에게 매혹적이고 재미있는 연극 경험을 선사한다. 이런 예측 불가능하고 도전적인 환경은 새로운 상황에 적응하고 유연하게 사고하는 능력이 얼마나 귀중한지 명확히 보여준다. 또한 극장 밖에서도 이런 유연한 사고와 열린 마음으로 다른 사고 패턴을 받아들인다면, 우리의 삶이 어떤 모습일 수 있는지도 보여준다.

- 효율성이나 정확성을 훼손하지 않으면서 다른 업무나 사고방식 또는 직책으로 쉽게 전환할 수 있는가?
- 기존 지식을 재구성하거나 확장하여 새로운 정보나 요구에 신속히 적응할 수 있는가?
- 기존 의견을 고집하지 않고 다양한 관점을 고려해 혁신적이고 창의적인 해결책을 개발할 의지와 능력이 있는가?
- 기존 전략으로는 어려움을 극복할 수 없음을 알게 되었을 때, 새로운 전략을 고안하여 유연하게 적용할 수 있는가?
- 한 가지 상황에 다양한 관점이나 접근 방식을 적용할 수 있는가?
- 환경이나 요구사항의 변화에 큰 제약 없이 적응할 수 있는가?

이런 질문을 이 책을 읽을 때만이 아니라 삶의 여러 국면과 상황에서 계속 스스로에게 해 보길 바란다. 끊임없이 변화하는 환경에 뇌를 적응시키려면 인지적 유연성이 필수이기 때문이다.

그런데 이 인지적 유연성은 급변하는 현대 사회에서 매우 중요한 능력임에도 거의 주목받지 못하고 있다. 오히려 우리는 과도한 자기 관리를 만병통치약으로 여기는 등 편리한 출구를 찾느라 계속 잘못된 길을 헤맨다. 물론 자신을 돌보고 몸과 마음을 챙기는 일은 중요하다. 하지만 진정한 자기 관리는 단순히 스트레스 지수를 낮추는 웰빙 프로그램에 참여하는 것만 의미하지 않는다. 자기 자신을 솔직한 태도로 성찰하는 것도 자기 관리다. 나만의 독특한 개성과 사고방식을 솔직하게 들여다봐야 한다. 스스로를 비난하거나, 바꾸려고 하거나, 거부하기 위해서가 아니다. 자기 자신을 더 잘 알기 위해서, 자신감을 위해서다.

누구나 갖고 싶어 하는 자신감이란, 단지 당당한 태도로 자신의 의견을 말할 수 있는 것만 의미하지 않는다. 그것은 건강한 자신감의 결과일 뿐이다. 건강한 자신감은 자기 자신을 안다는 뜻이다. 자신의 장단점을 알고 있으며, 자기 자신을 완전히 알지는 못하기 때문에 언제든지 자신에게 놀랄 준비가 되어있다는 뜻이다. 그리고 자신의 면모를 평가하고 분류한 다음에 뻐기거나 부정하는 대신 유연하게 바라볼 수 있다는 뜻이다.

이때 인지적 유연성이 중요한 역할을 한다. 특히 창의적 사고, 효과적인 문제 해결, 도전 과제 극복에서 중요한 역할을 한다. 인지적 유연성이 높은 사람은 복잡하고 불확실하며 역동적인 상황에 잘 대처할 수 있고, 이는 모호성 수용 능력을 기르는 데 큰 도움이 된다. 인지적 유연성을 기르기 위해서는 시간과 적극적인 노력이 필요하며, 자신의 감정과 생각을 의식적으로 성찰해야 한다.

사고 패턴, 특히 신념을 집중적으로 점검하고 질문하는 일은 범주적 사고에 빠지는 것을 막아주는 한편, 투영의 덫에 빠지는 것을 방지한다. 자기 자신을 잘 알면 직면한 현실 가운데 무엇이 진짜 내 것이고 무엇이 상대의 것인지 알 수 있기 때문이다. 그러면 의식적으로 자신의 현실에 책임을 지고 나머지는 상대에게 맡길 수 있다.

접근성과 기회가 주어졌을 때 지식을 확장하는 것 또한 인지적 유연성을 기르는 중요한 방법이다. 지식이 다양해지고 어떤 주제에 대해 많이 알수록, 다양한 관점과 사고방식을 더 잘 이해할 수 있다. 이는 의도적이고 의식적으로 다양성을 경험해야 한다는 뜻이기도 하다. 예를 들어 서로 다른 배경·문화·의견을 가진 사람들과 교류하며 관점을 넓혀야 한다는 것이다.

그러나 지식을 습득하는 방법, 즉 학습 방법 역시 다양해야 한다. 그래야 뇌가 끊임없이 새로운 방식에 적응할 수 있기 때문이다. 이는 결국 창의적 사고를 촉진하며, 인지적 유연성을 더 강하게 한다.

느낌표 대신 물음표

인지적 유연성과 모호성 수용을 훈련하는 가장 대표적인 방법은, 우리가 본능적으로 느낌표를 붙여 강조하는 의견과 신념, 가정, 관점에 주의를 기울이는 것이다. 그리고 느낌표를 물음표로 바꾸면 어떤 일이 일어나는지 시험해 보는 것이다.

사례를 하나 보자. 2024년 1월에 독일 개신교 교회에서 일어난 아동 성폭력 사건이 보도된 이후, 관련 온라인 기사에 수많은 댓글이 달렸다. 대략 다음과 같은 내용이 주류를 이루었다.

"소아성애자들은 미친놈들이니 폐쇄 병동에 쳐넣어야 해!"

이 가상의 댓글에서 느낌표를 물음표로 바꿔 보자.

"소아성애자들은 미친놈들이니 폐쇄 병동에 쳐넣어야 한다고? 왜?"
"미친놈이니까!"

여기서 이미 첫 번째 문제가 드러난다. 우리는 동어반복의 함정에 빠졌다. 어떤 진술이나 주장이 반복적으로 제자리에서 돌고 돌아 추가적인 근거 제시나 정보 제공 없이 스스로 확증한다는 뜻이다. 일반적으로 이런 상황에서는 논의를 계속하는 것은 아무 의미가 없다. 하지만 우리는 이런 한계를 극복하고 건강한 토론 문화를 세우려고 하니, 동어반복의 함정을 인식하고 그 함정에서 구해내 보자.

“그럼 제정신이 아닌 사람들은 모두 감금해야 할까?”

“아니, 소아성애자만!”

“왜 하필 그들만이지?”

“그들은 미쳤고, 어린아이들을 성적으로 학대하니까!”

앞선 주장에서 이미 언급했던 정보가 다시 반복된다. 하지만 이번에는 적어도 새로운 정보가 추가되었다. “어린아이들을 성적으로 학대하니까!” 이 문장의 내용에 주목하여 사실을 근거로 반박할 수 있다. 소아성애는 이른바 ‘성도착증’ 또는 ‘성선호장애’이다. ‘성선호장애’라는 용어는 ‘선호’라는 단어 때문에 마치 선호하는 것을 스스로 선택할 수 있는 것처럼 들려 오해의 소지가 있지만, 사실은 그렇지 않다. 모든 소아성애자가 아동 성폭력 가해자가 되는 것은 아니며, 모든 아동 성폭력 가해자가 반드시 소아성애자인 것도 아니다.

이처럼 감정을 강하게 자극하는 주제를 누구나 항상 이 정도의 지식 수준으로 다룰 수 있는 건 아니다. 하지만 대체로 ‘항상’이나 ‘모두’ 같은 단어가 포함된 절대적 표현을 의식하는 것만으로도 충분하다. 특히 이렇게 민감한 주제에서는 ‘평가하고 단정 짓는’ 전형적인 행동 패턴을 ‘질문하기’로 전환하는 것이 매우 중요하다.

교회의 아동 성폭력 사건에 적용해 보면 이렇다. 어린아이들을 성적으로 학대하는 모든 사람이 소아성애자는 아니다. 그들이 항상 성적으로 아동을 '선호'해서 성폭력을 저지르는 것이 아니다. 그보다는 오히려 아동은 (불행히도) 모든 면에서 약하고, 그래서 아주 쉬운 피해자이기 때문이다. 그러므로 정신질환(성도착증)을 앓는 사람을 뭉뚱그려 낙인찍는 대신, 이런 유형의 성폭력이 오랜 세월 수십 년에 걸쳐 대규모로 발생하게 한 권력 구조에 의문을 제기하는 편이 문제를 해결하는 데 더 유익할 것이다.

물론 자신의 성도착 성향을 인정하지 않고 '아동과의 성관계'를 자신의 도덕 기준에 따라 자연스럽고 합법적이라 여기는 소아성애자들도 있다. 이 지점에서 분명히 밝히는데, '아동과의 성관계'라는 것은 존재하지 않는다. 아동에게 가해지는 성적 접촉은 모두 성폭력이다. 아동은 성인과의 성적 접촉을 하는 데에서 생기는 모든 의미를 스스로 이해하고 평가할 능력이 없기 때문이다. 아동은 무방비 상태로 이런 성인이나 청소년에게 노출되고, 여기에는 강한 의존 관계와 권력 불균형이 존재한다. 이런 경우 아동의 신체적 온전함 및 정서적 의존권이 침해될 뿐 아니라, 아동에 대한 성인의 책임과 권력 역시 남용된다. 따라서 느낌표를 물음표로 바꾼다고 해서 자동으로 우리의 관점이 완전히 달라지는 것은 아니다. 그저 추가적인 관점과 정보를 얻고 현실을 반영하여, 최선의 경우 객관적이고 의식적인 의견을 갖게 될 뿐이다.

"아주 오래전부터 이랬어요. 너무 창피합니다. 사춘기 초반에 알아차렸지만, 그때는 나도 아직 어렸고 자연스러운 현상이라 여겼기 때문에 이상하게 여기지 않았어요. 그런 걸 지칭하는 용어가 있는지도 몰랐고, 정신질환인지도 몰랐어요.”

그는 갑자기 말을 멈추고 바닥만 응시했다. 마치 혼잣말을 너무 큰소리로 했고, 누군가 그걸 듣고 있다는 사실을 방금 알아차린 사람처럼.

“괜찮아요. 계속해 보세요.”

나는 침착하게 말하며, 그가 드러내는 수치심과 두려움에 휩쓸리지 않으려 애썼다. 그가 수치심을 갖는 것이 당연하다고 느끼는 일은 절대 없어야 했다.

“그 단어를 입에 올리는 것조차 너무 힘들어요.”

“소아성애?”

그가 어려워하는 단어를 대신 말했다.

“네. 소아성애. 정신병이죠!”

“성도착증입니다. 성선호장애라고도 하죠. 하지만 개인적으로 좋아하지 않는 용어이기도 해요. 선호라는 단어 때문에요. 마치 선택할 수 있고 스스로 결정한 것처럼 들리잖아요.”

그는 놀라움과 안도감이 섞인 표정으로 나를 바라보았다.

“맞아요! 바로 그거예요. 내가 선택한 게 아니에요. 할 수만 있다면 당장 버리고 평범하게 살았을 거예요.”

절망이 상담실을 가득 채웠다.

"내 인생에서 가장 무거운 짐이에요. 사춘기 때부터 이 끔찍한 비밀을 숨기고 살았고, 절대로 밝힐 수 없다는 것도 잘 알아요. 그랬다가는 곧바로 어린아이들을 성적으로 학대하는 미친 소아성애자로 낙인찍힐 테니까요. 사람들은 소아성애자라고 하면 가장 먼저 그걸 떠올리죠. 그럴 수 있다고 생각해요. 내가 그런 짓을 하지 않더라도, 사람들은 그렇게 생각할 수 있죠. 나는 아이들 근처에 절대 가지 않을 거예요. 간접적으로도 절대. 나는 아이들의 사진이나 영상도 절대 보지 않아요. 아동과 관련된 것은 모두 멀리해요. 벗어나고 싶어요. 끝내고 싶어요."

절망이 밀려왔다. 그는 울부짖었다.

소아성애라 불리는 모든 행위와 연관된 사람들을 최대한 잔혹하고 신속하게 처벌해야 한다고 주장하는 무수한 의견과 댓글을 떠올렸다. 아이를 둔 엄마로서 그런 분노와 불안감을 충분히 이해할 수 있다. 그러나 모호성을 수용하는 사람으로서, 특히 최대한 객관적이고자 노력하는 심리치료사로서 그들의 요구는 충격적이었다.

'감금', '총살', '고문' 그리고 그 밖의 여러 잔혹한 처벌이 언급되었다. 나의 환자가 자신의 성도착적 성향을 공개한다면, 그에게 닥칠 일은 분명 비인도적이고 파괴적일 것이다. 하지만 소아성애자이지만 그런 성향에 굴복하지 않을 수 있는 현실, 즉 중간 지대도 있다. 이곳에서는 성선호장애를 겪는 사람들이 그 누구보다 '정상적'인 성적 선호를 갈망한다. 그들은 수치심과 두려움에 사로잡혀 치료에 매달리고, 아동 성폭력범이 되지 않기 위해 할 수 있는 모든 것을 한다. 베를린에 있는 샤리테 병원에는 이들을 위해 특별히 고안된 치료 프로그램이 있다. 이 예방 프로젝트 이름은 '범죄자 되지 않기'이다.

이런 장애를 겪는 사람과 그렇지 않은 사람을 똑같은 기준으로 평가하는 것은 불공평하며 사실과도 다를 것이다. 하지만 이 사례는 자신의 가치관과 규범에서 크게 벗어나는 모호성을 받아들이는 게 얼마나 어려운지를 보여준다. 자신의 세계관과 잘 맞거나, 적어도 상식을 위협하지 않으면서 공존할 수 있는 것을 받아들이는 건 아주 쉽다.

아무런 노력이 필요 없는, 이른바 '공짜 관용'은 쉽다. 부조화를 견딜 필요 없고, 인지적 유연성을 개발하지 않고도 자신의 관대함을 자랑할 수 있기 때문이다. 하지만 어떤 관점이 자신의 가치관과 규범, 또는 개인적 견해와 충돌한다면, 다른 관점을 진지하게 바라보려는 의지와 에너지가 필요하다. 이는 사회적 공존을 위해 매우 가치 있는 일이지만, 우리는 이런 노력을 거의 하지 않는다. 우리가 다양한 현실을 인정하고 받아들인다면, 앞서 언급한 내 환자 같은 사람들이 솔직하게 자신을 드러내고 긍정적인 본보기가 될 수 있을 것이다. 비슷한 일을 겪고 있고, 마찬가지로 자신의 성향 때문에 매일 고통받는 다른 사람들에게 동기를 부여하고 용기를 북돋울 수 있을 것이다.

하지만 갈등의 내용이 어떤 식으로든 자신과 연관된 경우라면, 모호성 수용은 더 어려워진다. 성폭력 피해자라면, 모든 소아성애자가 자동으로 아동 성폭력 가해자냐는 질문 앞에서 모호성을 용인하는 게 무척 어려울 수밖에 없다.

그래도 괜찮다. 자신의 한계를 계속해서 힘겹게 넘어서야 할 때는 세상의 모든 일과 모든 사람에게 관대할 필요는 없다. 다만 어떤 것이 수용하기 쉽고 어떤 것이 어려운지를 알고 인식하는 것이 중요하다. 그런 과정을 통해 우리는 혹시 있을지도 모르는 맹점을 파악하고 인지적 유연성과 모호성 수용 능력을 강화할 수 있다.

이제 이분법적 사고에서 벗어나 그 사이로 들어가자. 흑과 백, 옳고 그름, 선과 악, 그 사이에 있는 중간 지대로.

5

세상이 정의롭다는 믿음은 위험하다

중간 지대

자, 우리는 중간 지대에 와 있다. 그렇다면 이제 아무 입장도 가지면 안 된다는 뜻일까? 찬성이나 반대도 하면 안 되는 걸까? 긍정이나 부정도 없는 걸까? 옳고 그름도 없는 걸까? 우리는 애초에 이런 범주 자체가 존재하지 않고, 이미 모든 것이 가능하면서 아무것도 가능하지 않은, 다시 말해 매우 불확실한 중간 지대에 살고 있는 걸까? 그렇다면 이곳에서는 어떤 규칙이 적용될까? 이 불확실한 공간에서 사회는 어떻게 존재하며, 무엇을 기준으로 판단할까? 소아성애가 용인되고, 교회는 무엇이든 마음대로 해도 될까? 모든 법은 법이라는 이유만으로 옳고 정당해질까? 늘 관용을 베풀어야 한다면,

파시즘 역시 관대하게 받아들여야 하는 걸까?

　모호성을 수용한다는 것은 관점이나 명확한 의견 또는 확고한 입장이 없어야 한다는 의미가 아니다. 그런 모호성 수용은 비현실적일 뿐 아니라 매우 위험하다. 모호성에 대한 높은 수용은 모든 것을 허용하고 조건 없이 용인해야 한다는 의미가 아니다. 오히려 불확실성, 중의성, 모순 등에 크게 동요하지 않고 잘 대처하는 것을 의미한다. 따라서 모호성 수용력이 높은 사람들은 대개 다양한 관점에 열려 있고, 여러 불확실한 상황에 잘 대처할 수 있다. 그렇다고 그들에게 확고한 신념이나 의견이 없는 것은 아니다. 그들은 자신의 신념을 버리지 않고도 다양한 관점을 이해하고 수용할 수 있다. 모호성 수용력이 높기 때문에 자신만의 명확한 신념과 원칙을 지키고 따를 수 있는지도 모른다. 더 나아가 모호성 수용 능력은 교조적이거나 편협함 없이 객관적이고 성찰적인 관점을 발전시키는 데 도움이 될 수 있다.

　예를 들어 나는 유아와 아동의 사진을 소셜 미디어에 공유해서는 안 된다는 주장에 동의한다. 특히 상업적 목적이라면 더더욱 그렇다. 아동의 인권과 사생활을 침해할 수 있기 때문이다. 하지만 동시에 가족의 경험과 자녀의 일상을 공유함으로써 육아 분담이나 장애아 돌봄 같은 여러 사회 문제를 공론화하려는 사람들이 있다는 것도 이해할 수 있다. 높은 모호성 수용력으로 다양한 관점과 현실을 받아들이며 내 의견만큼 타당하다고 인정할 수 있다. 그러면서도 해당 주제에 관한 내 의견을 고수할 수 있다. 하지만 내 의견을 고수하는 것이 다른 사람들로부터 내 의견을 인정받기 위해 싸워야 한다거나 그들의 의견을 깎아내리려야 한다는 뜻은 아니다. 내 입장을 180도 바꾸지 않아도, 다른 여러 의견이 공존할 수 있다.

다양한 관점에 열린 태도와 기존의 확고한 가치관이 결합하면 높은 모호성 수용력과 확고한 신념, 그리고 명확한 의견이 조화를 이룰 수 있다. 그러나 이렇게 되기 위해서는 끊임없이 자신을 성찰하고 내적·외적 갈등을 잘 관리해야 한다. 모호성을 수용할 줄 아는 사람들이 사는 중간 지대에도 당연히 내적 갈등이 있기 때문이다.

내적 갈등

내적 갈등은 한 사람의 내면에서 생각, 감정, 동기가 부딪힐 때 생긴다. 이런 갈등은 인지, 정서, 동기 등 다양한 차원에서 발생할 수 있다.

예를 들어 서로 다른 목표나 가치가 충돌하면 내적 갈등으로 이어질 수 있다. 대부분의 양육자가 직업적 성공과 자녀 양육 사이의 전형적인 갈등을 잘 알 것이다. 주로 '성공 추구', '경제적 안정', '자아실현' 같은 욕구가 '자녀', '정서적 안정', '유대감 형성' 같은 욕구와 충돌하기 때문이다. 사회에서는 여러 제도를 이용해 이런 갈등을 '최선으로' 관리하지만, 당사자인 부모는 '제대로 대처하지 못하는' 경우가 더 많다. 아이가 아프면 중요한 약속을 취소하고, 마감이 임박하면 아직 다 낫지 않은 아이를 어린이집에 맡긴다. 어느 쪽이든 엄청난 에너지를 소모하고, 죄책감과 수치심을 불러일으킨다. 그리하여 결국 더 많은 에너지를 고갈시킨다.

불분명하거나 모순된 정보 역시 혼란과 불확실성을 낳아 내적 갈등을 유발할 수 있다. 가장 대표적인 사례가 코로나19 팬데믹과 백신 논쟁이다. 우리는 말 그대로 매 순간 전혀 다르고, 때로는 모순된 정보에 휩싸였다. 게다가 어느 한쪽을 택해야 한다는 사회적 압력도 있었다. 어느 쪽이 '옳은지' 불확실한 상황은 내적 갈등으로 이어졌고, 이에 대한 단발적 대처로 인해 갈등의 전선은 점점 더 굳어졌다.

우리 안에서 일어나는 다양한 중의적 감정 역시 내적 갈등으로 이어질 수 있다. 예를 들어 어떤 사람이나 상황 또는 결정에 복잡하게 뒤얽힌 양가감정을 느낄 때 어떤 감정이 진짜인지 알 수 없는 불확실성이 내적 갈등을 키울 수 있다. 많은 사람이 코로나 백신 접종을 두려워하면서도 마침내 코로나 감염을 예방할 수 있다는 안도감을 느꼈다. 그리고 급히 결정해야 했던 탓에 전형적인 의사 결정 갈등으로 이어졌는데, 사회적 기대와 압력은 불확실성을 부추겨 이런 내적 갈등 메들리를 더욱 심화시켰다.

사회적 기대가 가하는 압력은 내적 갈등으로 이어지는데, 특히 우리의 자아상, 가치관, 신념과 일치하지 않을 때 더욱 심해진다. 그래서 이런 질문도 제기되었다. 건강 관련 문제에 대한 나의 태도는 무엇인가? 나는 건강과 질병에 어떻게 대처하는가? 나는 어떤 확신과 두려움을 가졌는가?

과학과 연구를 신뢰하고 지지하는 의료 분야 종사자들은 코로나 시국에 내적 갈등과 불확실성을 가장 적게 겪었고, 코로나19 팬데믹 이전부터 과학에 비판적이거나 적대적이었던 사람들은 정반대였다. 그들은 정보를 이용해 자신의 의견을 더욱 공고히 하고 입장을 굳혔다. 두 집단 모두 백신 접종 논쟁에서 별다른 내적 갈등을 겪지 않았을 가능성이 큰데, 백신 접종에 대한 태도와 의견이 명확했기 때문이다.

이 두 집단은 양극단에 자리하고 있었다. 그렇다면 그 사이에 있는 사람들은 어땠을까? 기본적으로 과학 연구와 의학을 신뢰하지만, 백신에 대한 정보가 부족하고 전문 의학 지식이 전혀 없는 사람들. 이미 기저 질환을 앓고 있어서 백신 접종의 부작용뿐 아니라 바이러스도 두려운 사람들. 매일 불특정 다수와 접촉할 수밖에 없고 동시에 자녀를 안전하게 보호하고 싶은 사람들. 자신의 건강과 공동체의 건강 사이에서 어느 한쪽을 택할 수밖에 없는 사람들. 이들은 내적 갈등, 복잡한 심경, 상충하는 욕구, 일관성 없는 신념을 겪었다. 하지만 무엇보다도 깊은 불안과 두려움에 휩싸였다.

우리가 이런 내적 긴장과 복잡한 감정을 견디면서 자기 자신뿐 아니라 사랑하는 사람들과 사회 전체에 영향을 미치는 중대한 결정을 내려야 한다면 어떤 일이 일어날까?

우리는 *반응한다*. 그 방식은 매우 다양하다. 저명한 심리치료사 클라우스 그라베 *Klaus Grawe*가 말한 '동기 갈등' 또는 '동기 불일치'는 서로 다른 동기나 목표, 그리고 그 이면에 있는 욕구 사이에 갈등이나 모순이 있을 때 어김없이 발생한다. 코로나 백신 논쟁에서 이런 불일치는 백신 접종 찬반 결정을 어렵게 하는 내적·외적 갈등을 의미했다. 그러나 백신 접종 문제는 비교적 빠른 결정을 요구했다. 또한 사회생활에 다시 참여할 수 있느냐 아니냐를 결정하는 문제이기도 했다.

안타깝게도 이런 반응은 내적 갈등을 최소화하기 위해 정보 및 의학적 사실을 부정하는 보다 극단적인 반응을 불러일으켰다. 내적 갈등의 책임을 다른 사람들에게 전가하면서 '적대적 집단'이 만들어지기도 했다. 이런 책임 전가는 적어도 단기적으로는 자기 책임을 피하게 해주었지만, 결과적으로 대립은 더 격해졌고 망명 정책 같은 다른 사회 문제로까지 확대되었다.

L은 심리치료 상담에서 코로나 위기 동안 겪은 일을 이야기했다.

"코로나 위기가 시작되었을 때, 처음엔 심각하게 생각하지 않았어요. 대수롭지 않게 여겼으니까요. 나는 젊고 건강하니까 괜찮다고 생각했죠. 하지만 상황이 심각해지고 봉쇄령까지 내려진 데다 부모님이 모두 걸리니까 불안해지기 시작했어요. 두 분 모두 증상이 너무 심해서 잠시 입원하셔야 했어요. 먼저 아버지, 그다음에 어머니까지. 며칠에 불과했지만, 저한텐 엄청난 충격이었어요. 그 빌어먹을 바이러스 때문에 부모님을 잃을지도 모른다는 생각이 들었던 거죠.

그러다가 백신이 나왔고, 매일 거의 열 번씩 병원에 전화해서 백신 접종 예약을 잡아달라고 막무가내로 졸랐고 마침내 부모님이 백신을 맞았던 기억이 나네요. 진료 시간이 끝난 저녁 7시예요. 확실치는 않지만, 아마 불법이었을 거예요. 그러면 안 되는 거였는데, 의사도 어쩔 수 없었겠죠. 그 당시에는 뭘 해도 되고 뭘 하면 안 되는지 정확히 아는 사람이 없었으니까요.

하지만 그때부터 상황이 꼬이기 시작했어요. 어머니는 별다른 부작용이 없는 것 같았지만, 아버지는 여러 번 입원해야 했어요. 심장이 제대로 뛰지 않았고, 계속 어딘가에 문제가 있는 것 같았어요. 우리는 그저 두려움에 떨 수밖에 없었어요. 아버지는 지금도 완전히 회복되지 않았어요. 의사는 백신이 아니라 코로나 감염 후유증일 가능성이 더 크다고 했어요. 하지만 나중에 알고 보니 백신 접종이 심장에 문제를 일으킨 사례가 더러 있더라고요. 그 글을 읽은 게 결정적인 순간이었던 것 같아요. 그 후로 의학에 대한 모든 신뢰를 잃었죠. 아버지의 주치의도, 다른 전문의들도 모두 믿지 않았고 직접 알아보기 시작했어요.

그러고 나서 모든 게 무너졌어요. 틈만 나면 인터넷을 뒤졌고, 텔레그램을 다운받아 몇 시간씩 심지어는 밤새도록 셀 수 없이 많은 뉴스와 기사를 읽고, 의료계를 떠난 의사들의 영상을 봤어요. 다소화할 수 없을 정도로 정보가 많아도 너무 많았어요. 하지만 여전히 깜깜한 터널 속에 있는 것 같았어요. 정보를 찾아 다른 사람들과 공유하는 데 시간을 많이 쓰다 보니 잠이 부족했어요. 친구들을 만날 시간이 없었고, 부모님도 거의 보지 못했고요. 정보를 찾기 시작한 이유는 부모님을 돕고 싶기 때문이었죠. 백신의 진실을 알리기 위해 애쓰는 단체에 힘들게 모은 수천 유로를 기부했어요. 얼마 지나지 않아 계좌가 마이너스가 됐어요. 아마 청구서에 신경을 쓰지 않아서 그랬을 거예요.

그때 처음으로 현실을 깨달았어요. 내가 기부했던 단체들의 민낯을 폭로하는 보도가 점점 많아졌고, 정말 한심한 바보가 된 기분이었어요. 지금도 부끄러워요. 하지만 의사들을 믿지 못하게 되었을 때와 똑같은 기분이 들었어요. 다시 바보가 되고, 나 혼자 남겨진 것 같았죠. 전보다 더 갈피를 잡을 수 없었어요. 완전히 길을 잃은 거죠. 누가 선하고 악한지, 누가 진실을 말하고, 누가 그저 돈만 노리는지 모르겠더라고요. 갑자기 모두 적이 되었고, 세상에서 나는 완전히 혼자였어요.”

L은 절망적인 한숨을 내쉬며 몸을 의자 깊이 파묻었다.

어떤 사람들은 무시하거나 억누름으로써 내적 갈등을 회피하려 한다. 불편한 감정이나 생각에 직면하기보다는 다른 곳으로 주의를 돌리려 애쓴다. 하지만 사회 생활에 적극적으로 참여하는 사람에게 백신 접종 같은 결정을 회피하는 건 거의 불가능한 일이다.

모순된 생각이나 감정을 해명하고 정당화하려 할 때 가장 흔한 반응이 합리화다. 합리화는 갈등을 완화하고 일관된 심리 상태, 즉 내적 통일성과 일관성을 유지하는 데 도움이 된다.

클라우스 그라베는 이를 '일관성 이론'으로 설명한다. 이 이론에 따르면, 우리는 근본적으로 동시에 일어나는 심리 과정들의 호환과 양립을 추구한다. 그라베에 의하면 인간의 심리적 기본 욕구는 네 가지다.

① 방향 설정/통제 ② 쾌락/불쾌감 회피 ③ 애착 ④ 자존감 향상/자존감 보호.

이런 욕구를 충족하기 위해 이른바 '동기 도식'이 발달한다. 동기 도식은 기본적으로 전략과 같다. 우리는 삶을 살아가는 과정에서 욕구를 충족시키기 위해(접근), 또는 욕구를 지키고 실망하지 않기 위해(회피) 이런 전략을 개발한다.

L은 부모님을 걱정하는 과정에서 방향 설정과 통제 욕구가 엄청나게 커졌다. 통제력을 되찾고 싶었고, 그래서 백신 접종으로 부

모님을 보호하기 위해 의사를 찾아갔다. 물론 부모님을 잃는 두려움도 큰 영향을 미쳤다. 애착 욕구는 어떤 대가를 치르더라도 충족되어야 하고, 죽음으로 좌절되어서는 절대 안 되니까(회피).

그러나 백신 접종은 부작용으로 말미암아 장기적인 통제 욕구를 충족시킬 수 없었다. 아버지의 건강이 악화된 것이 백신 접종 때문인지 코로나 감염 때문인지 정확한 원인을 알 수 없다는 사실에 L의 욕구는 더욱 좌절당했고, 결국 불확실성을 증폭시켰다. 설상가상으로 코로나 팬데믹 동안 정보는 계속해서 급변했다. 전 국민이 겪어야 하는 불확실한 새로운 상황에서 지극히 당연한 일이었지만, 이로 인해 의학 및 과학에 대한 L의 마지막 신뢰마저 산산이 조각났다.

L은 이런 모호한 상황을 더는 견딜 수 없어 '한쪽'을 선택했다. '거짓'과 '진실' 같은 거친 이분법에 기반해 주관적인 선전을 퍼트리는 쪽을 선택했다. 모든 정보를 두 가지 범주로 나누고, 자신이 선택한 쪽과 맞지 않는 정보는 고의적인 사기라고 비난했다.

L은 이런 가짜 통제력으로 잠시나마 불안감을 줄이고, 인위적으로 만들어진 진실 쪽에 서서 안정감을 느낄 수 있었다. 비록 이 모래성이 무너지기 전까지였지만. 하지만 자연스러운 불확실성에서 생기는 갈등은 이런 식으로 해결되지 않는다.

모든 갈등은 해결책을 갈구한다. 우리는 그렇게 알고 있고, 그러길 바란다.

갈등의 어원인 라틴어 'conflictus'는 충돌이나 전투를 의미한다. 서로 다른 이해관계, 가치관, 욕구, 감정, 신념이 충돌하고 긴장을 조성하면, 우리는 그 충돌과 긴장의 책임을 충돌하는 두 당사자에게 돌린다. 그리고 어느 한쪽을 선택하면 평온과 일관성이 생긴다고 믿는다. 한쪽은 정당하고 다른 한쪽은 부당하다. 한쪽은 옳고 다른 한쪽은 그르다.

상반된 가치관, 욕구, 감정, 신념을 문제가 아니라 메신저로 볼 수도 있다. 양쪽 모두 공존할 수 있는 공간이 우리 안에 부족하다는 것을 알려주는 메신저. 긴장을 유발하지 않고 양쪽이 나란히 존재할 수 있으며, '선'과 '악'이라는 양극단에서 한쪽을 선택하지 않아도 되는 공간을 확장해 줄 무언가가 부족함을 알려주는 메신저. 코로나 백신 논쟁에 적용하면, 이런 공존의 공간을 확장한다는 것은 즉각적인 판단이나 비난 없이 다양한 의견과 관점을 존중하고 수용하는 것을 의미한다. 경직된 입장에 갇히기보다 건설적 대화에 마음을 열고 다양한 관점을 경청하고 이해하려 노력한다는 뜻이다. 물론 백신 접종 문제는 명확한 '예/아니오'를 결정하라고 요구한다. 하지만 이런 경우에도 반쪽짜리 진실이나 고착된 입장에 얽매이지 않고, 지금까지 알려진 이점과 위험에 관한 모든 정보를 신중하게 검토해 의식적으로 '예/아니오'를 선택할 수 있다.

모호성을 수용하면 극단적인 입장에 서지 않고도 백신 논쟁의 불확실성과 복합성을 인정할 수 있다. 회색 지대를 인정하고 항상 명확한 답이 있는 건 아니라는 사실을 받아들일 수 있다. 불확실성을 자연스러운 하나의 과정으로 여기고 새로운 정보와 변화의 흐름에 기꺼이 동참할 수 있다.

백신 논쟁에서 모호성을 수용한다는 것은, 논쟁 상대의 견해가 자신과 일치하지 않더라도 상대방의 우려와 두려움을 존중한다는 뜻이다. 모호성을 수용하는 사람은 판단이나 비판보다는 공감하고 이해하려 노력하는 동시에 과학적 사실과 증거를 의사 결정의 중요한 근거로 삼는다.

모호성 수용은 해석의 여지를 허용한다. 중의성의 불확실성을 받아들여 A와 B, 흑과 백, 옳고 그름의 엄격하고도 강제적인 구분을 없애고, 그 사이에 있는 모든 것을 포용한다.

정의로운 세상

물론 모호성 수용이 모든 갈등을 해결하지는 않는다. 그럴 의도도 없고 그럴 의무도 없다. 세상에서 마주하는 딜레마, 즉 해소할 수 없는 갈등을 위험한 극단적 단순화에 기대지 않고 견딜 수 있게 할 뿐이다.

갈등은 두 가지 이상의 입장을 모순으로 인식하기 때문에 발생한다. 이렇게 인식하는 까닭은, 우리가 대립을 주어진 현실 또는 '정상'으로 인식하고 견디는 법을 배우지 못했기 때문이다. 또한 세상을 근본적으로 정의롭고 균형 잡힌 것으로 인식하려는 경향 때문이다. 세상이 정의롭다고 믿는, 이른바 '정의 환상'은 안정감을 유지하고 삶의 불확실성과 예측 불가성을 줄이려는 심리적 메커니즘이다. 이런 인지 편향이 있으면, 무엇보다도 선행은 상을 받고 악행은 벌을 받는다고 믿으며 행동과 결과 사이에 명확한 인과(원인-결과) 관계가 있다고 본다. 또한 인간은 언제나 합당한 대가를 받는다고 생각한다. 이런 사고방식을 가진 사람은 자신의 불안을 극복하기 위해 피해자를 탓하기도 한다. 불행한 사건으로 피해자가 생겼을 때, 정의 환상을 가진 사람은 불행의 책임이 피해자에게 있다고 생각한다.

강간 사건에서 피해자를 비난하는 반응을 생각해 보라. "그런 옷을 입고 다녔으니, 그런 일을 당하지!", "그 시간에 왜 거길 돌아다녀!" 같은 반응은 몇 가지 예일 뿐이다. 이는 사실이 아니며, 어떤 피해자도 자신이 당한 범죄에 책임질 필요가 없다는 것을 우리는 분명히 해야 한다. 이렇게 피해자를 탓하는 것은 단지 자신의 통제력을 유지하기 위한 수단일 뿐이며, 강간 피해자 같은 이미 취약한 다른 집단을 희생시키는 일이다.

세상이 정의롭다는 믿음에 굴복할수록 우리는 더 위험한 결과를 맞게 된다. 이런 사고방식은 불의를 사소한 일로 여기고, 사람들의 고통을 간과하거나 무시하며 사회적 불의를 외면하게 한다. 세상을 단순하게 만들고 안전하다고 느끼기 위해 차별을 조장한다. 우리는 불확실성을 수용하는 능력이 부족해 불확실한 것, 예측 불가한 일, 낯선 일을 불안으로 여기고 견디지 못하기 때문이다.

또한 우리는 실제보다 더 삶을 통제할 수 있다고 믿는다. 사실 세상은 복잡하고 불공정한 경우가 많아서 정의롭다고 믿는 사고방식이 항상 현실을 인식하는 데 적합한 건 아니다. 물론 이런 식의 사고방식은 심리적 안정을 유지하는 데 어느 정도 도움이 될 수 있다. 하지만 동시에 우리가 현실을 견디고 그 현실이 촉발하는 모든 것을 건설적으로 다루는 법을 배울 기회를 빼앗는다.

피해자를 비난하는 현상을 건설적으로 다루려면, 먼저 근본적인 메커니즘과 사고방식에 의문을 제기해야 한다. 불의의 피해자를 탓하거나 비난하는 대신 그런 상황을 유발하는 사회 구조와 역학 관계를 이해하려고 노력해야 한다.

우리는 불의의 희생자를 비난해서는 안 되며, 그 누구도 우리 사회가 이러한 문제들과 마주하는 것이 불편하다는 이유만으로 학대·차별·불이익을 당하거나 이를 침묵 속에서 견뎌야 할 이유는 없다. 우리는 불의의 피해자에게 공감함으로써 그들을 지지하고, 스스로 자신의 권리를 위해 목소리를 높일 수 있게 도울 수 있다.

더 나아가, 우리는 불의를 조장하거나 부추기는 구조와 시스템의 변화를 지지함으로써 사회 정의와 평등에 적극적으로 공헌할 수 있다. 피해자 비난의 폐해를 널리 알리고, 불의의 피해자와 연대하고 지지하는 문화를 조성하기 위해 노력할 수 있다. 모른 척하고 무시하는 것은 단기적으로는 편할 수 있겠지만, 의도적으로 현실을 외면하는 것이라서 장기적으로는 사회적 위협이 될 수 있다.

물론 불편한 주제를 용인하면 내적·외적 갈등이 생길 수 있지만, 공감과 지지가 반드시 모든 것에 동의한다는 뜻은 아니다. 오히려 그 반대이다. 공감과 지지란, 반대 의견은 무엇이고 어떻게 그런 결론에 도달했는지 이해하고 우리와 의견이 다르더라도 그것을 견디려고 노력한다는 뜻이다.

이를 위해 감정 조절은 중요한 역할을 한다. 감정에 휩쓸리거나 성급하게 감정적으로 행동해선 안 된다. 자신의 감정을 인식하고 받아들이고 조절할 수 있어야 한다. 그러면 감정적으로 격앙된 상황에서도 명확하게 생각할 수 있다. 끝내 해결될 수 없는 갈등도 있고, 모든 갈등이 반드시 해결되어야 하는 것도 아니다. 그러므로 세상은 정의롭지 않다. 그렇더라도 우리는 세상을 더 정의롭게 만들기 위해 노력해야 한다. 세상을 흑백으로 구분하여 단순화하고, 중간 단계를 없애 통제 및 정의 환상을 유지해서는 안 된다. 우리는 생각보다 더 많은 것을 견뎌낼 수 있다.

6

어머니의 다정하고
두려운 사랑

선과 악 사이

지금부터 소개하려는 사례는 그동안 했던 심리 치료 중 가장 기억에 남는 상담이었다. 기억력이 나빠 웬만한 건 다 잊고 이것만 기억에 남은 게 절대 아니다. 내담자가 들려준 이야기가 너무나 인상적이라 기억한다. 그를 위해 무엇이든 하고 싶었고 할 수 있을 것 같았다. 이 사례는 앞으로도 절대 잊지 못할 것이다.

M은 건장한 체격에 말끔한 외모의 중년 남성이다. 아무도 그가 어린 시절부터 심한 우울증과 복합적인 외상 후 스트레스성 장애를 앓았을 거라 짐작하지 못할 것이다. 그는 아주 어린 시절부터 가면을 쓰고 사람들을 대하는 법을 배워야 했고, 밖에서는 집에 있을 때

와 전혀 다른 얼굴을 보여야 했다. 집에서 어머니와 단둘이 있을 때는 바깥세상과 다른 규칙이 적용되었다.

"어머니는 도무지 예측이 안 되는 사람이었어요. 끊임없이 어머니에게 맞춰야 했죠. 신경을 곤두세우고 어머니의 기분과 갑작스러운 감정 기복을 예민하게 살폈지만, 소용이 없었어요. 어머니는 항상 예측 불가능한 새로운 걸 생각해 내는 것 같았어요. 비장의 카드를 숨기고 있다가 꺼내 드는 것 같았죠."

M은 재미있다는 듯 말했다.

"그건 어떤 건가요? 어머니가 꺼내 드는 그 비장의 카드 말이에요."

그는 내 질문에 씁쓸한 미소를 지었다.

"한번은 마트 주차장에 나를 버려두고 그냥 가셨어요. 그때 저는 네다섯 살쯤이었고, 주차장에 서서 우는 것 말고는 할 수 있는 게 없었어요. 낯선 여자가 와서 나를 달래며 같이 엄마를 찾으러 가자고 했어요. 그런데 몇 분 후 어머니가 돌아와 나를 데리고 갔죠."

"어머니는 왜 그랬던 거죠?"

그 어떤 변명으로도 이런 행동을 정당화할 수 없다는 걸 잘 알았지만, 어머니의 논리를 이해하고 싶어 이렇게 물었다. 그녀는 자신의 행동을 어떻게 정당화할까?

"어머니는 심문하듯, 아버지가 자기에 대해 뭐라고 했는지 계속 물어봤어요. 두 분은 막 이혼한 상태였고 맹렬히 싸우는 중이었어요. 나는 그 한복판에 있었고요. 결국 어머니가 듣고 싶은 말을 했어요. 아버지가 어머니를 욕했다고요. 그러자 어머니는 마트 전체가 울릴 정도로 고래고래 소리를 지르더니 분노에 차 뛰쳐나갔어요. 뒤따라갔지만, 어머니는 차를 몰고 그냥 가버렸죠.”

그는 잠시 말을 멈췄다.

“있잖아요, 이렇게 설명하니까 별일 아닌 것처럼 들리죠? 누구나 한 번쯤 겪는 일 같겠죠. 하지만 그런 일이 계속 일어났어요. 지금 생각해 보면, 어머니는 모든 스트레스를 나에게 풀었던 것 같아요. 옆에 있는 사람이 나였으니까요. 어머니에게 구속된 사람이었으니까요. 나는 어머니의 샌드백이나 마찬가지였어요. 스트레스를 해소하기 위해 언제든 때릴 수 있는 샌드백이요.”

그는 다시 슬픈 표정을 하고 싱긋 웃은 후 말했다.

“요즘 복싱을 즐겨 하는데, 솔직히 웃기긴 하네요.”

“그렇지 않아요. 당신은 어머니보다 최소한 한 걸음 더 앞서 있고, 스트레스도 더 성숙한 방법으로 해소하고 있어요. 아이가 아니라 샌드백에 푸니까요.”

“가끔 어머니가 끊임없는 감정 기복으로 나를 괴롭히는 대신 그냥 때렸으면 좋겠다고 생각했어요. 어머니는 마치 친구처럼 같이 게임도 하고 영화도 보다가 어느 순간 갑자기 버럭 화를 내고 무시무시한 괴물로 변했어요. 소리를 지르며 끔찍한 표정을 짓기도 했고요. 이런 양극단에서 외줄을 타야 하는 상황은 정말이지 견디기 힘들었어요."

나는 이해한다는 뜻으로 고개를 끄덕였다.

"정말 끔찍했어요. 지금 돌이켜보면요. 어떨 땐 이웃이 다 들을 정도로 악다구니를 쓰며 소리를 질렀어요. 무서워하거나 울면 겁쟁이 바보라고 비웃었고, 방에 가둘 때도 있었어요. 그러면 어둠 속에 웅크리고 앉아 어머니의 비명이 그치길 기도했고, 어느 순간 잠이 들었죠. 하지만 어머니는 가끔 밤에 내 방으로 와서 나를 꼭 껴안고 울기도 했어요. 어머니의 눈물이 뺨에 닿아 잠에서 깨곤 했던 일이 지금도 생각나요. 그런 일이 아주 자주 있었는데, 어머니를 토닥여 주곤 했죠."

이 건장한 남자는 갑자기 축 늘어지더니 몸을 잔뜩 웅크렸다. M은 바닥을 노려보았고, 슬픈 미소조차 더 이상 띠지 않았다. 슬픔과 수치심이 한없이 작아진 그의 온몸을 완전히 뒤덮었다. 그의 표정과 몸짓까지도. M은 크게 한숨을 쉰 뒤 말을 이었다.

"어머니는 나를 샌드백 삼아 온갖 짜증을 퍼붓고는, 갑자기 자기를 위로해 줄 친구로 여겼어요. 나를 마치 쓰고 버리는 휴지처럼 취급했어요. 코를 풀고는 더럽다며 버리는 거죠."

"그러면 기분이 어땠나요?"

"정말로 코 푼 휴지가 된 기분이죠. 더럽고 역겨운 휴지. 다른 사람들의 욕구를 채워주는 것 말고는 아무짝에도 쓸모없는 그런 존재가 된 기분이에요."

표정이 어두워진 그가 말을 이었다.

"내 생각을 말해 볼까요? 어머니는 나를 심리치료사처럼 이용했어요. 어린 시절에 겪은 끔찍한 이야기를 계속 들려줬어요. 주로 잠들기 전에 그런 이야기를 들었어요. 외할아버지가 아주 폭력적이었고, 상상할 수 있는 온갖 방법으로 어머니를 학대했대요."

"몇 살 때 그런 이야기를 들었나요?"

"정확히 모르겠어요. 아마 다섯 살이나 여섯 살쯤이었던 것 같아요."

이건 학대다. M의 어머니는 아주 다양한 방식으로 어린 아들을 학대했다. 일상생활 속에서 분노와 좌절을 표출하기 위해, 친구를 갖기 위해, 혼자 되지 않기 위해, 위로받기 위해, 자신의 트라우마를 누군가와 공유하기 위해 자식을 이용했다. M은 자신이 샌드백이나 휴지였다고 말했지만, 그는 그 이상이었고 요구받은 역할도 훨씬 많았다. 그는 아이로 있을 수 없었다.

그의 어머니도 분명 어렸을 때 그랬을 것이다. 정서적·신체적·성적 학대를 당했고, 자기가 당한 것처럼 똑같이 자식을 학대했다. 물론 어렸을 때 학대를 받았다고 해서 그녀의 책임이 면제되는 것은 아니다. 그저 그녀가 왜 가해자가 되었는지를 일정 부분 설명해 줄 뿐이다. 아마 그녀는 성공적인 치료를 받지 못했을 것이다. M이 성인이 되어 연락을 끊기 직전까지도 자신의 책임을 인정하거나 성찰하지 않았기 때문이다. 내 추측을 확인하기 위해 M에게 물었다.

"혹시 어머니가 치료를 받은 적이 있는지 아세요?"

그는 다시 슬픈 미소를 보였다. 짧게 싱긋 웃었다. 진짜 재밌어서 웃는 웃음이 아니었다. 그저 몸에 밴 대처 방식이었다. 슬픈 냉소였다. 그의 얼굴은 고통스럽게 일그러졌다가 이내 미소로 바뀌었다.

"어머니가 심리치료사예요. 심리치료를 받지는 않았지만, 심리치료사 교육 과정 때 심리 분석은 받았겠죠."

그가 나를 빤히 보았다. 이 정보가 나에게 어떤 영향을 미칠지 정확히 알고 있는 듯했다. 그래서 그렇게 오랫동안 이 이야기를 하지 않은 걸까?

내 추측대로 M은 이 정보가 나에게 미칠 영향을 예상했고, 그의 예상은 정확히 맞아떨어졌다. 그 사실은 지금 이 글을 다시 쓰고 있을 만큼 충격적이었다. 지금도 마음속 깊은 슬픔이 분노로 변하는 것이 느껴진다. 하지만 동시에 팔이 저리고 두려움이 밀려든다. 무력감, M이 느꼈을 바로 그 감정을 나도 느끼는 것이리라.

M은 몇 년 전부터 어머니와 연락을 끊었다. 나는 그가 나 같은 여성 심리치료사를 통해 일종의 '대리' 관계를 맺으려는 건 아닐까 의심이 들었다. 하지만 그는 심리치료사로서의 어머니를 거의 알지 못하는 것 같았다. 그는 그 반대편의 모습을 알고 있었다. 다시 수많은 질문이 내 머릿속을 스쳤다.

어려움 속에서 도움을 요청하는 사람들의 안식처 역할을 하는 사람이 어떻게 동시에 자기 자식을 학대하는 사람이 될 수 있을까? 어떻게 이 두 가지 일을 한 사람이 할 수 있을까? 어떻게 진료실에 앉아, 퇴근 후에 스스로 가해자가 되어 휘두르는 그 폭력의 피해자에게 공감하고 치료할 수 있단 말인가?

나는 이런 질문들과 심리치료 경험을 바탕으로 이 문제를 깊이 성찰했다. 이런 불일치를 겪는 것이 무엇을 의미하는지 느껴보려 노력했다.

이 글을 쓰며 퇴근 후 아들을 데리러 어린이집으로 가는 내 모습을 상상했다. 함께 마트에 있는 모습도 상상해 봤다. 나의 강요에 못 이겨 아들이 어떤 말을 하고 그 말에 내가 화를 내는 장면, 흥분한 나머지 마트 전체가 울릴 정도로 소리를 질러 아들을 겁주고 당황하게 하며 이 모든 무거운 감정을 혼자 감당하게 두는 장면. 아들의 가장 중요한 애착 대상이 바로 나다. 그런 내가 아들을 주차장에 무방비 상태로 버리고 가버린다. 그리고 몇 분 후, 다시 돌아가 내가 돌아오지 않을 거라고 믿고 두려워했을 아들을 겁쟁이라며 비웃는다.

집에 돌아와서는 아무 일도 없었던 것처럼 다정하게 아들이 좋아하는 게임을 같이 한다. 레고 닌자고 피규어와 장난감 자동차를 조립하다가 갑자기 기분이 확 바뀐다. 아들의 아주 사소한 실수에 소리를 지르고, 어제 허락했던 일들을 아무 이유 없이 오늘은 금지한다. 아들이 먹는 음식, 행동, 말을 나무라고 헐뜯는다. 밤에는 어두운 방에 혼자 내버려둔 채 잠들 때까지 곁에 있어 줘야 한다는 생각은 전혀 하지 않는다.

아들이 홀로 침대에 누워 두려움에 떠는 동안 집이 떠나가라 고래고래 소리를 지른다. 그러다가 어느 정도 화가 풀리면 갑자기 너무 슬퍼져서 누군가의 따뜻한 손길을 갈구한다. 그래서 조용히 아들의 방으로 들어가 꼭 끌어안는다. 온종일 아들의 감정, 인격, 인식을 짓밟은 탓에 이제 하나 남아 있는 몸을 부여잡는 것이다. 울면서 내 안의 모든 감정을 또 아들에게 쏟아낸다. 아들은 나를 위로해야 한다는 책임감을 느낀다. 또다시 혼나기 싫기 때문이다. 그저 스스로 안정감을 만들어내기 위해. 착한 아들이 되기 위해. 마침내 인정받고 사랑받고 싶기 때문이다.

더 이상 쓸 수 없었고, 상상을 멈춰야 했다. 노트북을 닫고, 자리에서 일어나 아들의 방을 들여다보았다. 현실에서는 아들이 이런 일을 겪지 않을 거라는 확신을 얻고 싶었다. 평화로운 얼굴로 곤히 잠들어 있는 아들, 은은하게 켜져 있는 침대 옆 조명, 침대 옆에 놓여 있는 잠들기 전에 읽어주던 책. 이런 장면들이 큰 위안이 되었다. 나의 아들은 내가 상상한 일을 겪지 않아도 된다. 하지만 M은 겪을 수밖에 없었다.

나는 상상조차 하기 힘든 일이 어떻게 다른 사람에게는 현실이 될 수 있단 말인가? 나는 다시 한번 자문했다. 그리고 지금까지 상담했던 다른 아동 학대 사건에서는 이런 질문을 이토록 강렬하게 던져본 적이 없다는 사실을 깨달았다. 나는 나 자신을 알고, 내 직업을 알고, 이 분야에 대해 잘 안다. 그래서 M의 사례는 아주 깊은 인상을 남겼다. 심리치료사가 하는 일과 그것이 무엇을 의미하는지 잘 아는 나로서는 학대당한 피해자들의 치유를 적극적으로 돕는 사람이 동시에 스스로 학대를 저지른다는 사실에 큰 충격을 받았다. 한 인간으로서 어떻게 이런 불일치를 견딜 수 있을까?

다만 지금 내가 말할 수 있는 것은, 우리 안에 얼마나 많은 모순이 있는지 보여주는 사례가 이 외에도 많다는 사실이다. 그리고 유년기와 청소년기에 견뎌야 했던 모순이 많을수록 그 모순은 더 커질 수 있다.

M의 어머니, 가해자이면서 심리치료사인 그녀는 자신의 이런 모순을 어떻게 견딜 수 있을까? M은 어머니와 함께한 삶과 자기 내면에 있는 이런 모순을 어떻게 견딜 수 있을까? 우리는 내면의 대립과 모순을 어디까지 용인해야 할까? 그리고 우리 내면에 그토록 많은 모순이 존재한다면, 우리는 과연 얼마나 진실한 존재일 수 있을까?

어쩌면 대립하고 모순되는 두 가지가 모두 진실일지도 모른다. M의 어머니는 공감 능력이 뛰어난 훌륭한 심리치료사인 동시에 자녀를 학대하는 어머니일 수 있다. 이런 모순을 견디는 것이 얼마나 어려운지 나도 잘 안다. 그러나 어쩌면 우리가 자기 자신과 다른 사람들, 그리고 세상에 획일적이고 절대적인 진실을 요구하고 주장하기 때문에 이런 불일치를 견뎌내기 어려운 것일 수도 있다.

우리는 명백한 진실과 그에 따른 높은 도덕적 기준에서 벗어나 사람들을 있는 그대로 봐야 한다. 인간은 다양하고 복합적인 존재다. 비록 우리가 그 사실을 잘 견디지 못하더라도.

다양한 관점

프리드리히 니체는《선악의 저편》에서 다양한 철학적 주제를 깊이 탐구했다. 특히 대립, 진리, 도덕성에 집중했다. 니체는 전통적인 도덕적 가치를 비판적으로 성찰하며 근본적인 재평가를 촉구했다. 이때 소위 객관적이라는 진리에 대해 분명한 입장을 취했고, 이런 진리가 사실상 주관적 해석에 불과함을 폭로하고자 했다. 우리가 객관적 진리라고 평가하지만, 사실 각자의 해석에 불과하다는 것이다.

니체는 선과 악 같은 전통적·도덕적 대립에 의문을 제기하고, 이런 개념이 역사적으로 형성되었으며 다양한 문화적 맥락에 따라 달리 해석되었음을 설득력 있게 주장했다. 니체에 따르면, 도덕적 가치는 객관적 진리라기보다 인간의 가치 평가에 가깝다. 다시 말해, 옳고 그름이나 선과 악 같은 도덕적 범주는 우리가 어떤 문화에서 사회화되었느냐에 따라 형성된 개념에 불과하다.

특히 이런 도덕적 평가는 당연하거나 심지어는 신이 정한 것으로 여겨지지만, 사실 이런 평가에 직간접으로 동의한 이래 전혀 의문을 제기하지 않는 한 집단의 산물에 불과하다.

M의 사례를 통해 전하고자 한 것은 학대 행위를 새롭게 평가해야 한다는 주장이 아니다. 인간은 선과 악으로 단순하게 구분되지 않는, 훨씬 더 복합적인 존재임을 보여주려 했다. M의 어머니는 형편없는 어머니였지만(나 역시 같은 어머니로서 이런 평가가 특히 가슴 아프다), M의 말에 따르면, 환자들에게 적절한 이해와 공감, 자신감을 주는 존경받는 심리치료사이기도 했다.

그녀의 환자들이 그녀가 자기 아들에게 어떻게 했는지 알게 된다면, 분명 큰 충격을 받을 것이다. 그녀가 한 행위 중 하나가 알려진다면, 아마 이웃과 지인들은 경악하며 이렇게 말할지도 모른다. "세상에나, 도저히 믿을 수가 없네요. 항상 친절하고 다정한 사람이었거든요." 그들의 말은 사실일 것이다. 니체의 말을 빌리자면, 그들의 주관적 해석이니까.

진리가 얼마나 깨지기 쉬운지 알고 그것을 견디는 능력은 높은 수준의 모호성 수용에 필요한 능력이기도 하다. 니체는《선악의 저편》에서 '관점주의'라는 적절한 도구를 이용해 모든 진리는 개인의 관점에 좌우되며 보편적 진리는 없다고 주장한다.

관점주의 또는 다양한 관점을 수용하는 능력은 (항상 쉽지는 않지만) 의식적인 연습으로 기를 수 있다. 이 연습을 통해 모호성 수용 능력도 높아진다. 관점주의는 모호성 수용과 마찬가지로 다양한 관점의 중요성을 강조하고, 모든 지식은 개인의 해석에 의해 형성되었다고 주장한다.

니체는 전통적인 도덕관념과 이를 고집하는 태도가 삶을 제한한다고 보았다. 경직된 사고에서 벗어나 개인의 필요에 맞는 삶을 긍정하는 창의적 가치관을 적극적으로 발전시키라고 거듭 촉구한다. 그러므로 다양한 관점을 중시하는 것은 단순하고 무미건조한 철학적 사고가 아니다. 삶을 적극적으로 구성하고, 새로운 관점을 채택하며, 개인의 가치를 창조하거나 허용하라는 (심리 치료적 조언이기도 한) 강력한 요청이다.

학대와 사랑을 동시에 경험한 M은 어머니와 자신, 그리고 모자 관계에 모순적인 감정과 믿음을 갖고 있었다. 번갈아 겪은 사랑과 폭력은 내적 갈등으로 이어져 큰 혼란을 안겨주었다.

니체가 그런 상황에 처했다면, 인정하고 싶지 않겠지만, 인간은 본래 모순적이고 사랑과 폭력처럼 상반되는 것이 공존한다고 주장할 것이다. 이 맥락에서 사랑은 복합적으로 재평가되어야 하는 하나의 '가치'이다. M의 사례에서 사랑은 긍정적 요소인 동시에 폭력적 패턴의 일부이므로, 완전히 선으로 또는 완전히 악으로 단순하게 보면 안 된다. 아들을 향한 어머니의 사랑은 그녀의 주관적인 관점에서는 분명 선하고 옳지만, 그녀는 M에게 가한 폭력을 바로 이런 사랑으로 정당화하려 했다. "내가 너를 엄하게 대하는 것은 너를 너무나 사랑하기 때문이야." 그녀는 M에게 계속 이렇게 말했다. 그러므로 여기서 그녀의 사랑은 오로지 선하기만 한 것은 아니었다. 그녀의 관점에서 사랑은 엄한 것이기도 했다. 그리고 M이 설명한 것처럼, 그녀의 사랑은 가학적이고 폭력적이었다.

어쩌면 '사랑'은 오롯이 선한 가치가 아닐지도 모른다. 우리는 사랑에 대한 이런 절대적 관점을 버려야 할지도 모른다. 사랑이라는 이름으로 끔찍한 범죄가 빈번하게 일어나고, 엄밀히 말해 살해 또는 과실치사 사건임에도 이른바 '관계 범죄' 또는 '관계 비극'이라는 표현으로 헤드라인을 장식하기도 한다. 명확하게 '악'으로 분류되는 이런 용어들은 '선'의 범주인 '사랑'과 나란히 쓰이면 안 된다. 그러나 사람들(언론)은 이런 모순을 견디지 못해 새로운 용어를 만들어 해소하거나 해소하려 시도한다. 잔혹한 살해 대신 '관계 비극'이라는 단어를 쓰는 식으로.

그런데 이런 모순 또는 모순이 촉발하는 불일치를 의식적으로 허용함으로써 이를 해소할 수 있다면 어떨까? '사랑'은 항상 무조건적으로 선하지는 않다. 적어도 현실에서 경험하는 사랑은 그렇다. 에리히 프롬이 《사랑의 기술》에서 묘사하는 상호 존중·배려·헌신에 기초한 복잡하고 심오한 관계에서도 마찬가지다. 사랑은 단순한 감정적 반응이나 상태가 아니라 개발하고 키워야 하는 능동적 능력이다. 살인도 항상 잔인하고 악하지는 않다. 정당방위나 안락사를 생각해 보라.

M은 어머니, 특히 어머니의 사랑이 '선하면서 동시에 악한' 현실을 견뎌야 했다. 어머니가 자애로운 동시에 폭력적이라 큰 상처를 입는 것도 견뎌야 했다. 그는 이런 권력 구조에서 벗어날 수 있는 나이가 되자 관계를 유지하는 데 이득보다 해가 크다고 판단했다. 어머니가 사랑할 능력이 부족한데도 그 능력을 키우고 변하려는 노력조차 하지 않는다고 판단했다. 어머니 때문에 더는 고통받고 싶지 않았던 그는 어머니와 연락을 완전히 끊기로 했다. M은 이런 결론에 다다르기 위해 객관적으로 어머니를 봐야 했다. 가족이나 배우자에게 학대당한 피해자는 가해자를 좋은 사람이므로 '선'하다거나 해로운 사람이므로 '악'하다는 식으로 나누지 못한다. 그들은 애착과 친밀함을 원하는 동시에 분리와 보호를 원해서 그 사이에서 혼란과 갈등을 겪기 때문이다. 따라서 가해자의 좋은 면과 나쁜 면을 모두 인정함으로써 이런 내적 갈등을 완화할 수 있다. 이렇게 할 경우 피해자의 의식적인 결정에 따라 지속적인 연락 여부와 관계의 형태를 선택할 수 있다.

모든 것을 선과 악으로 나눌 수 없다는 것, 그리고 명확히 어느 한쪽에 속한다고 생각하는 것들이 사실 다른 쪽에도 속할 수 있다는 것을 받아들여야 한다. 인생, 사람, 세상 그 사이의 모든 것은 이원론적 관점이 주장하는 것보다 훨씬 더 복합적이다. 물론 그렇다고 학대가 정당화될 수 있다는 뜻은 아니다. 트라우마 치료의 핵심 규정은 '치료 중 가해자와의 접촉 금지'이다. 트라우마 상황에 지속적으로 노출되어 불안과 위험 속에 살아간다면, 트라우마는 치유되기 어렵기 때문이다.

나를 괴롭히는 그를
여전히 사랑한다

사랑과 폭력 사이

"또 그런 일이 벌어졌어요."

그녀가 힘없이 말했다. 그녀의 목소리에서 '그런 일'이 무엇인지 바로 알아차렸다.

"지난번 남자만큼 심하진 않았어요. 날 때리진 않았으니까요. 하지만 고함을 치고 위협하고 가구들을 부쉈어요. 닥치는 대로 화장대며 옷장을 내동댕이치고, 주먹이 피범벅이 될 때까지 문을 마구 쳤어요."

너무나 차분하고 태연하게 말해서 순간 그녀에게 실제로 이런 일이 일어났는지, 아니면 신문 같은 데서 읽은 걸 말하는 건지 의심이 들었다.

"당신은 어땠나요? 거기서 어떻게 나왔어요? 경찰에 신고했나요?"

성급하게 물었고, 곧바로 후회했다. 걱정하는 마음을 고스란히 드러내기 전에 잠시 마음을 가다듬어야 했다.

"집에서 뛰쳐나와 친구 집으로 갔어요. 몇 시간 후에 그가 전화를 하더니 울면서 용서를 구했어요. 절박하게 애원했고, 진심으로 뉘우치는 것 같았죠. 그래서 경찰에 신고하지 않았어요. 그 후로 그는 가구와 문을 새 걸로 바꿨어요."

"그 말은 그런 일이 있었는데도 헤어지지 않았다는 건가요?"

나는 끝냈다는 대답을 바라며 물었다.

"잘 모르겠어요. 생각할 시간이 필요하다고 말했죠. 한편으로는 그가 이해되기도 해요. 그의 삶도 평탄하지만은 않았으니까요. 하지만 다시는 그런 일을 용납하지 않겠다고 다짐했어요. 절대. 다시는."

"무엇을 다시는 용납하지 않겠다는 거죠?"

그녀가 직접 말하게 하려고 이렇게 물었다.

"그런 대우를 받는 거요."

"어떤 대우인데요?"

계속 캐묻자 그녀는 나의 암묵적인 메시지를 이해하고 명확하게 대답했다.

"위협을 당하고, 사소한 일로 윽박지름을 당하고, 사랑하는 사람인데도 곁에 있으면 불안해요. 최악의 경우 구타를 당하기도 하죠. 내 집에서조차 더는 안전하지 못해요. 집에 들어가기 전에 먼저 심호흡을 해야 하고, 손을 떨며 현관문을 열고, 그의 기분이 또 널을 뛰는 것 같으면 다리가 후들거려요. 무슨 말을 어떻게 해야 할지 끊임없이 고민해야 하고, 그런데도 잘못 말했을까 봐 두려움에 떨어야 해요."

우리는 잠시 침묵하며 그녀의 무거운 말들과 그로 인한 더 무거운 기억들이 공중에 떠다니게 두었다.

"예전에는 너무 오래 참았어요. 또 그러고 싶진 않아요. 그럴 수 없어요. 더 이상 나를 그렇게 괴롭히지 않을 거예요. 나 자신과 약속했고 맹세했어요."

눈물이 뺨을 타고 흘러내렸다. 그녀는 얼른 가방을 열어 티슈를 찾았다. 테이블에 놓인 티슈 상자를 그녀를 향해 밀었다. 그녀는 직접 티슈를 뽑아 쓴 적이 없었다. 항상 내가 건네줄 때까지 기다렸다.

"자기를 그렇게 대하는 사람을 과연 사랑할 수 있을까요?"

그녀가 절박하게 물었다.

문제는 사실 그런 사람을 사랑할 수 있느냐 하는 데 있지 않다. 물론 그런 사람도 사랑할 수 있다. 하지만 이때 사랑이라는 단어를 저마다 어떻게 이해하고 정의하느냐에 따라 다를 것이다. 앞서 우리는 사랑에 여러 가지 진실이 있다는 것을 확인했다. 그리고 수많은 데이트 폭력과 가정 폭력에서 학대하는 사람을 사랑하는 것이 근본적으로 가능하다는 것을 볼 수 있다. 문제는 그런 사람과 관계를 유지하면서 정신적으로(그리고 육체적으로) 건강하게 살 수 있느냐다. 아마 불가능할 것이다.

이제 질문 하나가 남는다. 무엇이 더 중요할까? 좋을 때나 나쁠 때나 사랑하는 사람과 함께하는 것? 아니면, 자신의 안전과 정신적·육체적 건강? 클라우스 그라베의 심리적 기본 욕구를 다시 생각해 보자. 여기서는 (애착 욕구를 통해 활성화되는) 접근 도식과 (자존감 보호와 통제 욕구를 통해 활성화되는) 회피 도식이 서로 충돌하는 것처럼 보인다.

범죄 현장으로서의 애정 관계

애정 관계에서는 상대의 욕구와 자신의 욕구 사이에서 균형을 맞춰야 하며, 두 욕구는 서로 충돌할 수도 있다. 우리는 애정 관계에서 항상 무언가를 포기하지만, 이상적인 관계일 경우 포기의 대가로 혼자서는 만들어낼 수 없는 무언가를 얻는다. 예를 들어 친밀함, 믿고 의지할 수 있는 사람, 함께하는 시간 등이다. 우리는 이런 것을 얻으려고 어느 정도의 자율성과 독립성을 기꺼이 포기한다.

하지만 관계를 유지하기 위해 자신의 안전과 행복을 희생해야 한다면, 그것은 너무 큰 비용이다. 제정신이라면 절대 하지 않을 손해 보는 거래이다. 물론 애정 관계에서 실제 비용과 이익을 계산할 수는 없고 그래서도 안 되지만, 관계를 지속하려는 이유를 자문하는 것은 중요하다. 그런데 왜 사람들은 자신에게 해로운 관계를 계속 유지하려는 걸까?

질문은 간단하나 그 대답은 복합적이고 해석의 여지가 많다. 이별의 두려움, 정서적 의존, 낮은 자존감, 자기 자신과 관계에 대한 부정적 믿음, 조종과 통제, 사회적 고립, 변할 수 있다는 희망, 수치심과 죄책감 등이 있다. 이 외에도 폭력에 대한 두려움과 미래에 대한 불확실성(실존적 불안) 역시 중요한 역할을 한다. 그리고 이런 감정은 언뜻 근거가 없어 보이지만, 그렇지 않은 경우가 많다. 개인, 인간 관계, 사회, 정치 등 모든 차원을 아우르기 때문이다. 특히 여성이라면 더욱 그렇다.

16세에서 85세 사이의 여성 네 명 중 한 명이 생애 어느 시점에 당시 또는 이전 남자친구나 남편에게 신체적 또는 정서적 학대를 경험한 것으로 추산된다. 가정 폭력이 특히 고통스럽다. 가장 안전해야 할 공간, 즉 일반적으로 보호와 안정을 제공해야 하는 곳에서 발생하며 믿고 의지한 사람에 의해 자행되기 때문이다. 아이러니하지만, 여성이 가장 신뢰하는 남성은 통계적으로 인생에서 가장 위험한 남성이기도 하다.

가정 폭력은 다양한 형태로 나타날 수 있다. 신체적 또는 성적 폭력만이 아니다. 현재 또는 이전 남편이 다음과 같이 행동한다면, 그 역시 폭력이다.

- 아내를 모욕하고, 다른 사람들 앞에서 깎아내린다.

- 걸핏하면 버럭 화를 내고, 아내의 소유물을 파손한다.

- 아내, 자녀, 친구, 친척 또는 반려동물을 해치겠다고 위협한다.

- 아내가 친구들과 연락하는 것을 막는다.

- 아내의 외출을 막는다.

- 아내의 지출을 통제하기 시작한다.

- 별거 중인 아내를 괴롭히거나 해코지한다.

출처: 독일 연방가족·시민사회업무청

"찾아갈 수 있는 친구가 딱 한 명뿐이었어요. 다른 친구들은 그 일을 전혀 몰랐거든요. 그 친구라도 있어서 정말 다행이에요. 그 친구와 그 일에 대해 얘기할 수 있는 건, 비슷한 일을 겪었기 때문이에요. 그 친구는 이해하니까요."

그녀의 말에서 부끄러움을 감지했다.

"너무너무 창피해요. 이런 일을 겪어보지 않은 사람에게 어떻게 설명할 수 있겠어요? 이런 일이 벌어지게 내버려뒀다는 사실이 너무 수치스러워요. 매번 용서해 줬더니 다시 똑같은 상황이 됐어요. 욕설과 위협에 시달리고, 집이 난장판이 됐어요. 과거의 경험에서 아무것도 배우지 못한 것 같아 부끄러워요."

그렇지 않다는 것을 밝히기 위해 우리는 이 문제를 상세히 살펴야 했다. 그녀는 그 일이 일어났을 때 즉시 피난처를 찾았다. 그리고 자신의 수치심을 직접 표현할 수 있다는 점에서 이전과 똑같은 상황에 있지 않다는 것을 알 수 있었다.

가정 폭력 피해자들이 수치심을 느끼고 자신의 행동을 자책하는 건 드문 일이 아니다. 이때 가해자를 합리화하는 자기기만을 동반하는 경우가 많은데, 둘 다 모호성과 불확실성에 대처하는 매우 흔한 전략이다. '사랑'과 '폭력'이라는 양립하기 어려운 사실 사이의 내적 갈등에서 벗어나려면 신속한 해결책이 필요하다. 그래서 흔히 자기 자신을 비난하고, 자신이 학대를 유발하는 행동을 했다고 자기 최면을 건다. 그렇게 하면 통제력과 안정감을 회복한 것 같기 때문이다. 가정 폭력은 모든 사회 계층에서 일어난다. 특히 '완벽한 가정'이라는 이미지를 드러내는 부부일수록 주변 사람들 앞에서 지위와 체면을 잃는 두려움이 크다. 이런 두려움 때문에 가정 폭력이 있어도 침묵으로 이어지고, 비난은 마땅히 향해야 할 가해자가 아닌 피해자의 내면으로 향한다.

가정 폭력 피해자에 대한 사회의 낙인과 편견 역시 피해자들이 선뜻 도움을 청하지 못하고 오히려 자신이 겪은 폭력을 숨기게 하는 요인이다. 결국 피해자들은 자책과 사건 축소 사이의 내적 갈등에 짓눌릴 수밖에 없다.

하지만 엄청난 에너지가 소모될지라도 마침내 폭력의 악순환에서 벗어나는 데 성공하면 다시는 그런 힘든 상황에 처하지 않으려고 최선을 다한다. 안타깝게도 같은 상황이 되풀이되는 일이 빈번한데, 그렇게 되면 내적 갈등을 견디는 게 더욱 어려워진다. 폭력 없는 삶이 가능하다는 걸 정확히 알고 있고, 엄청난 에너지와 자원이 소모되고 위험하더라도 악순환에서 벗어날 수 있다는 것을 잘 알기 때문이다. 그래서 처음에는 자책과 수치심, 죄책감이 더 커진다. '또 이런 상황이 되었네. 이번에는 더 잘했어야지! 어쩌면 이게 내 팔자가 아닐까? 나는 다르게 살 자격이 없을지도 몰라.' 이런 자기비하는 또다시 에너지를 소모하고, 폭력적인 관계에서 벗어나기 위해 용기를 모으는 데 전혀 도움이 되지 않는다.

모호성이 주는 안정감

모호성을 수용하면 이런 악순환에서 벗어날 수 있다. 하지만 모호성을 수용한다는 것이 경험한 폭력을 용인하거나 계속 허용해야 한다는 뜻은 아니다. 오히려 사랑과 폭력이 공존하는 현실을 인정하고, 얄팍한 변명이나 합리화로 내적 갈등을 없애려 해선 안 된다는 뜻이다. 다시 말해, 애인이나 배우자가 사랑의 대상인 동시에 두려움의 대상이기도 하다는 사실을 받아들여야 한다는 것이다. 믿고 의지하는 사람인 동시에 반복해서 그 신뢰를 깨는 사람이고, 가장 가까운 사람인 동시에 폭력 가해자라는 사실을 인정해야 한다. 두 가지 현실이 동시에 평행하게 존재한다. "나를 학대하는 사람을 사랑한다."

이런 동시성은 견디기 쉽지 않고, 또 그럴 수도 없다. 가장 쉽고 빠른 해결책으로 내적 갈등을 서둘러 없애려 하지 말고 찬찬히 검토하는 것이 가장 중요하다. 모순을 숙고하고, 잔혹한 현실을 부정하지 않기 위해 잠시나마 모순을 견뎌야 한다. 부정하는 것으로 생명을 위협하는 문제를 해결할 수는 없다. 내적 갈등이 있다는 것은 뭔가 잘못되었다는 신호다. 뭔가 너무 잘못되어 감당하기 어렵다는 마음의 외침이다. 따라서 내적 갈등 때문에 현실을 부정해선 안 된다. 아무리 매혹적이어도 그러면 안 된다. 현실을 부정할 게 아니라 오히려 바꿔야 한다. 갈등을 해결하기 위해서가 아니다. 생명을 위협하는 상황에서 벗어나기 위해서다.

이런 내적 갈등은 그냥 우연히 발생하는 것은 아니다. 내면에서 뭔가 균형을 이루지 못하기 때문에 발생한다. 욕구, 가치관, 우선순위, 욕망, 신념, 기대, 감정, 경계선 등에서 불균형이 생길 수 있다. 이를 인식하지 않는 사람은 이로 인한 내적 갈등을 겪지 않는다.

반면, 자신의 경계선을 예민하게 인식하는 사람은 그 경계선이 침해되는 것을 금세 알아차린다. 그리고 이는 내적·외적으로 더 나은 균형을 찾는 데 도움이 되는 유익한 경고 신호다. 경계선이 침해되는데도 내적으로 아무런 자극이 없다면 좋은 신호는 아니다. 자신의 경계선을 알지도 못하고, 제대로 지키지도 못한다는 뜻이기 때문이다. 이는 곧 자신에게 부주의한 것을 넘어 위험해질 수도 있다는 가능성을 내포한다.

앞서 소개한 내담자의 경우, 남자친구의 폭력이 그녀의 가치관과 경계선을 침해하지 않았더라면 아마 이 폭력적 분노 폭발을 금세 용서하고 평소와 똑같이 행동했을 것이다. 하지만 경험에서 알 수 있듯이, 그러면 폭력은 더 심해지기만 한다.

나는 무엇을 용납할 수 있는가? 나는 무엇을 (더는) 용납할 수 없는가? 나에게 어떤 경계선이 있는가? 어느 선까지 타협할 수 있고, 어떤 상황에서도 타협할 수 없는 것은 무엇인가?

나는 개인의 경계선을 시각화하기 위해 주로 집 이미지를 사용한다. 집을 둘러싼 담이 개인의 경계선을 상징한다. 그리고 대문은 타협이 가능한 경계선을 나타낸다. 우리는 어떤 사람에게는 대문을 열어주고, 어떤 사람에게는 열어주지 않는다.

여기서 현관문은 우리의 내면 깊숙한 곳으로 들어가는 입구를 상징한다. 우리의 가장 사적인 욕구, 감정, 기억, 욕망, 가치관이 이 현관문 뒤에 숨겨져 있다. 여기서도 우리는 누구를 들여보내고 누구를 들여보내지 않을지 매우 의식적으로 선택한다. 그런데 때때로 원치 않는 행동을 하거나 악의적으로 출입하는 사람을 들여보내기도 한다. 어떤 사람은 집을 부수거나 안에서 폭력을 행사하려 한다. 어떤 사람은 출입을 허가받지 못했는데도 현관문을 발로 차고 침입한다. 그들은 우리의 경계선을 침범해 심리적 안전을 해치고, 심지어 신체적 안전까지 훼손한다.

하지만 집안에 무엇이 있고, 어떤 규칙이 적용되고, 담이 정확히 어디에 있으며, 누구에게 대문과 현관문을 열어줄지 모르면 언제 어떻게 자기 자신을 보호할지도 알지 못한다.

내적 갈등은 이 집에서 경보 시스템처럼 작동해 매우 명확하게 정의된 상황에 맞춰 경보음을 울린다. 이 경보 시스템은 언제, 어떤 이유로 경보음을 울려야 하는지 미리 정해 놓아야만 정상적으로 작동한다. 따라서 이 경보 시스템을 효과적으로 사용하려면 자신의 가치관, 욕구, 경계선을 잘 알아야 한다. 그래야 필요에 맞게 잘 활용할 수 있다. 내적 갈등을 서둘러 없애야 하는 불편한 상황이 아니라 도움을 주는 고마운 존재로 받아들일 수 있다.

나의 환자는 동시성이 촉발하는 긴장을 견디는 법을 배워야 했다. 남자친구를 사랑하고 그에게 사랑스러운 면모가 있다는 사실을 인정하는 동시에, 이 남자로부터 신체적 학대를 받았다는 사실도 인정할 줄 알아야 했다. 그녀는 마지막 상담에서 이렇게 말했다.

"우리는 누군가를 사랑할 수 있지만, 때론 멀리서 사랑하는 것이 더 나을 때도 있어요. 그리고 어느 순간 그것은 그저 기억으로만 남고, 모든 기억은 결국 희미해지죠."

이런 깨달음을 얻기까지 그녀는 몇 달간 자신을 성찰하며 언뜻 모호해 보이는 탁한 물속에 의식적으로 잠겨 있었다. 그리고 누군가를 사랑한다고 해서 무조건 관계를 유지하거나 어떤 식으로든 접촉하려 애써야 하는 것은 아니라고 자기 자신을 설득했다. 남자친구에게는 그녀가 사랑하는 면이 있었고, 그녀는 그걸 포기할 준비가 되어 있지 않았다. 하지만 남자친구의 위험한 폭력으로부터 안전할 수 있다면 굳이 포기할 필요도 없었다. 결국 그녀는 남자친구와 연락을 끊기로 했다. 그리고 사랑이 자연스레 시들기를 바라며, 혹은 시들 거라고 믿으며 멀리서 조용히 사랑하기로 했다.

2부

중간 지대에
머무르기

받기만 하는 남편에게
기대를 버리기로 했다

너와 나 사이

"너무 불공평해요. 나는 평화를 위해 항상 내 권리를 주장하는 걸 참았는데, 남편은 매번 원하는 건 뭐든 다 가졌어요. 어떤 손해가 발생하는지 고려하지도 않고요. 오랜 세월 결혼 생활을 해왔는데, 돌이켜보니 내가 아는 사람 중 가장 파렴치한 남자였어요. 처음부터 나는 분쟁 없이 이혼하고 싶었고, 그래서 모든 권한을 포기할 의향이 있다고 말했어요. 적은 금액이 아니었죠. 하지만 나는 이혼을 원했고, 모든 일이 최대한 원만하게 진행되도록 서로 포기할 것은 깔끔하게 포기하자고 제안했죠. 남편은 흔쾌히 동의했어요. 그런데 이혼이 확정된 지 몇 주만에 체납된 세금이 있다면서 1만 유로를 요구하는 거예요. 내가 내야 했던 세금인 건 맞아요. 법적으로는 남편의 말이 맞는 거죠. 하지만 세금이 체납된 해에는 우리가 아직 결혼 생활을 '온전히' 유지하고 있었어요."

바짝 끌어당겨 묶은 머리카락 한 올이 이마로 흘러내렸고, 그녀는 재빨리 그 한 올을 제자리로 돌려보내려 애썼다. 그러면서도 설명은 멈추지 않았다.

"모든 육아를 나 혼자 도맡아 했어요. 아이들 때문에 반나절만 일해야 했지만, 육아 비용은 거의 전부 내가 부담했어요. 아이들이 태어난 후부터 발생한 보험료, 옷, 장난감, 약값 등 아이가 있는 집에서 필요한 비용은 물론 생활용품, 의복, 화장품, 답례 선물까지 모든 생활비를 내가 부담했단 말이에요. 그런데 대부분이 세금 공제를 받지 못해요. 남편은 내가 이 비용을 부담했다는 걸 알고 있어요. 아이들을 위해 근무 시간을 줄이느라 경영진으로 승진할 기회를 포기했다는 것도요. 나는 남편과 아이들을 위해 희생했어요. 남편은 그대로 계속 일했는데도, 생활비와 육아비에 내 월급 대부분을 써야 했어요. 남편은 자기 월급을 저축하고 투자했죠."

마침내 그녀가 잠시 말을 멈추고 심호흡을 했다. 숨 막히는 긴장감. 짓누르는 압박감. 어제오늘 쌓인 게 아니었다. 세금 납부 때문만도 아니었다. 온몸으로 그녀의 긴장감을 느꼈다. 꼿꼿이 앉아 평소보다 훨씬 더 세게 볼펜을 움켜쥐었다. 마치 쓰러지지 않기 위해 기둥을 끌어안고 버티듯이 그렇게 볼펜을 부여잡았다. 나도 잠시

숨을 골랐다. 그녀가 다시 말을 이었다.

"법적으로 보장된 내 재산을 모두 넘겼는데, 정말로 진지하게 1만 유로를 요구했어요. 그러면서 포기하라고 요구한 적 없다, 네가 결정했으니 네 잘못이다, 그러게 왜 그랬냐며 조롱했어요. 너무 불공평해요. 어떻게 그렇게 뻔뻔할 수 있죠? 이혼할 때 그 사람의 요구를 들어주었고, 나한테 똑같이 해줄 줄 알았어요. 서로 동등한 위치에서 이혼 후에도 부모로서 좋은 한 팀으로 지낼 수 있을 줄 알았죠. 남편은 1만 유로 때문에 그런 관계를 망쳤어요. 그에게 1만 유로는 그저 푼돈이에요. 재산을 챙겼으니까요. 하지만 나한테는 금전적 문제이자 삶이 달린 문제나 다름없어요. 덕분에 빚더미에 앉게 되었으니까요."

머리카락 한 올이 다시 흘러내렸다. 그녀는 다시 머리카락을 제자리로 돌려놓으려 애썼다. 머리카락이 다시 흘러내리자, 그녀는 포기하고 한숨을 내쉬었다.

"너무 멍청했어요. 너무 순진했던 거죠. 가는 말이 고와야 오는 말도 곱다는 속담을 그대로 믿다니…. 그렇지 않다는 걸 이제야 깨달았어요."

처음으로 그녀의 목소리가 분노의 기색 없이 차분해졌다. 그녀는 깊은 절망에 휩싸였다. 마치 세상이 무너진 듯했다. 돈 때문이 아니었다. 불공평한 일을 당했기 때문이다. 기대와 현실의 괴리 때문이었다.

'가는 말이 고와야 오는 말이 곱다.' 이 속담은 상대가 나의 행동이나 소통 방식과 똑같이 반응한다고 가르친다. 타인의 행동이나 소통 방식은 내가 어떻게 행동하고 소통하느냐에 달렸다는 사실을 은유적으로 표현한 것이다.

'받은 대로 돌려준다.', '눈에는 눈, 이에는 이.' 이 유명한 속담들은 '상호호혜성' 개념과 밀접한 관련이 있다. 호혜성은 주고받는 상호 관계를 의미한다. 사회적 상호작용 맥락에서 보면, 호혜성이란 한 사람의 행동이 다른 사람에게 비슷한 반응을 유발하는 경우가 많다는 뜻이다. 이혼 과정에서 아내가 위자료와 양육비, 그리고 자기 몫의 재산권을 포기했다면, 남편 역시 세금 납부에서 아내가 부담했던 육아 및 생활비를 공평하게 고려해야 마땅하다. 물론 남편이 그렇게 해야 할 법적 의무는 없다. 하지만 아내 역시 재산권을 포기할 법적 의무는 없었다. 그런데 남편은 그렇게 하지 않았고, 아내는 그 사실에 충격을 받았다. 남편의 행동이 상호호혜성에서 어긋났기 때문이다. 그는 주고받는 원칙을 지키지 않고 받기만 했다. 결혼 생활 전반을 봤을 때 그의 전형적인 행동 패턴인 것 같으니 그리 놀랄 일도 아니다. 그럼에도 아내는 깊은 실망감을 감추지 못했다. 그녀는 불과 얼마 전에 모든 위자료와 양육비와 재산권을 포기하는 큰 희생을 치렀기 때문이다. 그 후 겨우 3주가 지났다. 그런데 남편은 자신이 쉽게 낼 수 있는 비교적 '적은 금액'임에도 내지 않기로 했다. 그는 받은 대로 갚는 사람이 아니다. 늘 그래왔듯이 계속 받으려고만 한다.

호혜성에 대한 기대나 바람은 주로 행동과 연결되어 있다. 하지만 수년간 특정 행동만 보였던 사람들이(예를 들어 전형적으로 받기만 하고 거의 주는 일은 없었던 전남편) 상대가 친절을 베풀었다고 해서 평소의 전형적인 행동을 바꿀 확률은 낮다. 특히 수년간 두 사람의 관계가 전형적으로 주는 사람과 받는 사람이었다면 더욱 그렇다. 전남편이 갑자기 다르게 행동할 이유는 없다.

"품위, 도덕, 명예. 이런 것이 서로에게 호혜적이어야 할 이유 아닌가요?"

그녀가 이유를 나열하며 물었다. 전남편이 이런 것을 중요하게 여긴다면, 호혜적이어야 할 타당한 이유가 될 것이다. 하지만 그가 '품위'를 자의적으로 정의하고, 도덕의 기준이 그녀와 다르고, 어쩌면 '명예' 자체에 전혀 관심이 없다면 이를 위해 갑자기 행동을 바꾸지는 않을 것이다.

호혜적 행동 외에 '관점의 호혜성'도 있다. 사회적 상호작용에서 서로 다른 관점과 시각을 교환하고 이해하는 것이다. 타인의 관점을 이해하고, 존중하고, 반응하는 동시에 자신의 관점 역시 이해받고 존중되기를 기대할 수 있다는 의미다. 즉, '상호 이해의 조건'이다.

이런 형태의 호혜성이 있었다면, 그녀는 모든 것을 양보하지도 않았고 재정적 손해도 감내하지 않았을 것이다. 그녀는 남편의 행동이 자신과 전혀 다른 가치관, 규범, 도덕 개념에서 기인한다는 것을 이해했을 테니 말이다. 두 사람의 가치관, 규범, 도덕 개념은 극명하게 달랐고, 여러 요인이 겹쳐 결국 이혼으로 이어졌다.

결혼 생활 내내 한 번도 아내와 똑같은 도덕 원칙을 따르지 않았던 남편이 이혼 후 갑자기 그렇게 행동하리라 기대하는 건, 정말 순진한 생각이었다. 한 번도 명예와 도덕을 중시한 적이 없는데, 왜 갑자기 그렇게 행동하겠는가? 이혼이 확정되고 자기에게 유리해진 지금, 굳이 평소의 행동 패턴을 버리고 전처의 눈에 더 '명예롭게 보이는' 행동을 할 이유가 있었을까?

이 사례는 사람들을 있는 그대로 봐야 하는 이유를 잘 보여준다. 그들이 하는 말이 아니라 어떤 사람인지, 어떻게 행동하는지를 있는 그대로 봐야 한다. 행동은 숨겨진 많은 것을 금세 드러낸다. 우연에서 비롯되는 행동은 없다. 행동은 생물학적·심리적·사회적 요인뿐 아니라 환경·발달 단계·문화 등 다양한 요인의 복합적인 상호작용의 결과다.

환상 깨기

'명예'나 '품위' 같은 개념은 개인·사회·문화의 영향을 크게 받는다. '명예로운' 또는 '품위 있는' 것이 무엇이냐고 물으면 거의 모든 사람이 저마다 다르게 답한다.

우리는 스스로 만들어낸 인위적인 규범에 둘러싸여 있다. 이런 규범은 사회적 상호작용을 규제하기 위해 만들어졌지만, 명확히 정의되지 않고 해석의 여지가 많다. 그러나 이런 개념들은 통제감과 안정감을 준다. 내가 이런 유연한 규범들을 잘 지키면, 다른 모든 사람도 그렇게 하리라는 암묵적인 믿음을 심어주기 때문이다.

이런 믿음은 통제감을 부여하지만 그것은 환상일 뿐이다. 대개 이런 환상은 금세 깨진다. 앞서 소개한 내담자가 바로 이런 환상을 경험한 것이다. 그녀는 환상이 깨지는, 이른바 환멸의 충격에 대처하는 법을 배워야 했다. 환상, 이상화된 생각, 비현실적 기대가 산산이 조각난 이 상태에서 (다행히) 더 현실적이고 때로는 더 냉정한 관점으로 나아갈 길을 열어야 했다. 환멸의 순간은 무언가 처음 생각했던 것과 다르다는 것을 깨달아야 하는 순간이다.

환상이 깨지면 처음에는 힘들 수 있다. 하지만 또 다른 환상에 빠지지 않도록 막아주는 냉철함이 생긴다. 따라서 환멸의 순간은 우리에게 성장의 기회를 제공한다. 환상이 깨지면서 우리는 현실을 받아들이고, 실망을 통해 배우며 한층 성숙하고 균형 잡힌 관점을 얻을 수 있다. 그러므로 환멸이 반드시 부정적인 것만은 아니다.

하지만 환멸을 겪은 뒤에는 이를 극복할 방법을 찾는 것이 중요하다. 이는 비현실적 기대를 버리고, 새로운 관점을 개발하고, 긍정적 변화에 집중해야 한다는 의미다. 또한 환상이 깨지면서 발생하는 불확실성을 받아들여야 한다는 의미이기도 하다. 여기서 모호성 수용이 다시 등장한다. 문제를 바라보는 관점이 하나만 있는 것이 아니고, 우리가 기대하는 것과 다르게 행동하는 사람이 있을 수 있다는 것을 이해해야 한다. 사람들은 상호호혜적으로 행동하지 않고, 상호호혜성은 누구나 똑같이 따르는 규범이 아님을 이해해야 한다. 법이 완벽하게 정의를 구현하지 못한다는 것 역시 받아들여야 한다. 예를 들어 이혼 및 세금 문제에서 육아 등의 돌봄 노동을 고려하지 않은 것처럼 말이다. 세금 분담이 법적으로 옳다고 해서 반드시 모든 당사자에게 동등하다는 뜻은 아니다.

환멸은 우리의 확신과 예상을 재평가하라고 요구한다. 우리가 이런 요구를 열린 마음으로 받아들이고, 이와 관련된 모호성을 허용한다면, 곧바로 명확하고 명료한 방향으로 향하는 대신 복합성을 인정하고 열린 마음으로 다양한 관점을 받아들일 수 있다. 그러면 다시 또 다른 환상에 빠지는 일 없이 익숙한 길에서 벗어나 다른 길을 선택함으로써 자신의 권리를 주장할 수 있게 된다.

앞서 소개한 사례에 나온 내담자는 환상을 깨고 모호성과 다양한 관점을 수용함으로써 다시 변호사와 상담했고, 포기했던 권한을 되찾을 방법을 찾아냈다. 마침내 자신의 정당한 권리를 주장하는 데 성공했는데 평소와 정반대로 행동했다. 전남편이 평소와 정반대로 행동하기를 기대하는 대신 그의 행동과 똑같이 반응함으로써 마땅히 받아야 할 것을 취했다. 눈에는 눈, 이에는 이로.

타인을 있는 그대로 보지 않고 내가 원하는 대로만 보려 한다면, 때때로 삶이 나서서 있는 그대로 보게 한다. 삶이 우리를 눈뜨게 하며 실망이 기만을 끝낸다. 상대의 기만이 아니라 우리 자신의 자기기만을 끝내는 것이다.

결국 나의 환자는 원래 하고자 했던 것과 다른 행동, 즉 자신의 가치관에 반하는 행동을 했다. 그녀는 전남편의 행동과 똑같이 반응했고, 불공평하다고 인식한 상황에 맞서 자신을 방어했다. 비록 그 상황에서 그녀가 방어적 태도, 즉 내적 저항으로 행동했지만 우선 이런 식으로라도 자신을 방어해야만 한다는 것을 깨달았다. 진짜 문제는 그녀의 기대가 충족되지 않은 실망뿐 아니라 전남편과의 역학에 계속 복종한 데서 생겼기 때문이다. 그녀는 평화를 유지하기 위해 자신의 권리와 욕구를 포기했다. 하지만 자신의 권리를 계속 요구함으로써 평화를 유지할 수는 없었을까? 어째서 그녀는 그렇게 많은 것을 포기하고 희생해야만 했을까?

평화와 공평함이 동시에 존재할 수는 없는 걸까? 그녀의 결혼 생활에서는 그렇지 않았던 것 같다. 그래서 그녀는 그저 분란을 일으키지 않기 위해 평소 하던 대로 행동했다. 그녀는 이제 ‘좋은 아내’는 아니지만, ‘좋은 전처’가 되었다. 하지만 그녀는 아내가 아닌 한 인간이기도 하다. 그저 한 사람. 사회가 부여하는 남편과 아내 같은 역할과 평가에서 독립된 존재다. 그러므로 사회가 만든 이런 범주에서 벗어나, 한 인간으로서 결혼 생활을 재고하고 바꿀 수 있다. 결혼과 이혼 과정에서 자신의 권리를 요구할 수 있다. 여기에 좋고 나쁨은 없다. 평가가 불공평하게 한쪽에만 적용된다면, 더욱 그렇다.

9

우리는 자신이 누리지 못한
행복만 바라본다

이상과 현실 사이

"이탈리안 레스토랑에서 문득 주위를 둘러봤는데, 손님들이 주로 가족 단위더라고요. 바로 옆 테이블에도 가족이 앉아 있었어요. 제일 젊은 사람이 내 또래로 30대 중반쯤 되어 보였고 그 외에 숙모, 삼촌, 아버지, 어머니, 할머니가 있었어요. 할아버지는 이미 돌아가셨구나, 생각했죠. 저녁을 먹는 내내 자주 이 가족을 지켜봤어요. 그것도 아주 티 나게요. 그들이 레스토랑을 나서면서 나한테 인사를 건네서 그제야 내가 그랬다는 걸 알았다니까요."

S가 어색하게 웃었다. 그녀는 꽤 오래전부터 상담을 받았고, 지금은 4주에 한 번씩 또는 급한 문제가 있을 때만 찾아온다. 치료 마

감까지 아직 세 번의 상담이 더 남았다.

"어쩌면 그들도 알아차렸을 거예요. 내가 그들처럼 다정하고 화목한 가족을 원하고 있다는 걸요. 물론 그들도 나름의 문제와 갈등이 있겠죠. 하지만 토요일 저녁에 온 가족이 이탈리안 레스토랑에 함께 앉아 있고, 웨이터와 주고받는 대화에서 짐작하건대, 평소에도 자주 그렇게 모였던 것 같아요. 그들은 서로 다투지 않고 혹은 다투더라도 그 후 침묵으로 은근히 공격하는 일이 없을 거라는 짐작만으로도 깊은 슬픔과 부러움을 동시에 느꼈어요."

이야기를 시작했을 때 쾌활했던 목소리가 점점 무거워졌다. 그녀는 오랫동안 잊고 있던 슬픔에 잠긴 것 같았다. 그제야 나는 이렇게 감정을 자극하는 상황을 다루지 않은 지 꽤 오래되었다는 사실을 깨달았다. 그녀의 슬픔은 새로운 감정이 아니다. 나는 그녀의 이런 슬픔을 잘 알고 있었다.

"가족과 함께 있는 그 느낌이 그리웠나요?"

"네. 또다시. 아아, 옆 테이블에 앉은 가족의 일원이 되고 싶었어요. 오랜 전통의 가족 행사에 동참하고, 그들만 이해하는 농담에도 끼고 싶었죠. 하지만 그때 나는 남자친구랑 있었어요."

그녀와 그녀의 남자친구는 둘 다 산산조각 난 가정에서 자랐고, 그래서 옆 테이블의 동화 같은 가족을 보며 똑같이 상실감과 부러움을 느꼈을 것이다.

"우리가 그들처럼 화목한 대가족이 될 수 없다는 사실을 다시

한번 뼈저리게 실감했어요. 결혼하면 두 번째 가족을 얻는다고 하잖아요. 제2의 어머니, 아버지, 형제자매와 화목한 가족이 되는 두 번째 기회를 얻는 거죠. 하지만 새로운 고통을 겪을 위험도 함께 얻는 거예요…."

S는 슬프면서도 단호한 어조로 말했다. 마치 흔들릴 수 없는 절대 진리인 것처럼. 그것을 인정하고 받아들여야 하는 것처럼. S는 모든 것을 다소 급진적으로 받아들이는 것 같았다.

"남자친구는 지금 제 가족이나 마찬가지예요. 우리는 서로 그렇게 여겨요. 가족이라고."

S의 목소리가 점점 더 단호해졌다. 하지만 정말로 가족이라고 믿는 건지, 아니면 그저 큰소리로 자주 외치면 실제로 그렇게 되리라 기대하는 건지 아직은 알 수 없었다.

"자랑스러운 아버지, 인자한 어머니, 다정한 할머니가 줄 수 있는 것, 자상한 숙모와 재밌는 삼촌이 줄 수 있는 것을 우리 둘 다 서로에게 줄 수 없고, 또 그럴 필요도 없죠. 하지만 우리는 여전히 서로에게 그걸 바라고 있어요. 그렇다고 부러운 옆 테이블에 앉기 위해 남자친구를 포기하는 일은 절대로 없을 거예요. 그런 가족을 원하는 소망은 여전히 남아 있고, 앞으로도 그렇겠죠. 하지만 모든 소망을 이룰 수는 없다는 걸 잘 알고 있고, 그래도 괜찮다는 것을 받아들이며 살아가는 법을 매일매일 조금씩 배우고 있어요."

이런 수긍은 조금 더 솔직하게 들렸다. 훨씬 그녀답게 느껴졌다. 서둘러 해결하려는 노력처럼 느껴지지 않았다. 그런 그녀가 무척 자랑스러웠고, 이런 깨달음의 과정과 내적 고군분투를 털어놓은 게 너무나 고마웠다.

가지지 못한 것을 눈앞에서 보는 것보다 가지고 싶지만, 가질 수 없는 것을 보는 것이 더 견디기 힘들 수 있다. S는 평생 가족을 갖지 못했다. 화목하고, 온전하고, 사랑이 넘치고, 서로 배려하는 든든한 가족. 넘어지더라도 안전하게 붙잡아줄 안전망. 그녀에게는 그런 안전망이 없었다. 그녀는 늘 넘어지면 넘어지는 거라고, 붙잡아 줄 안전망 같은 건 없다고 생각했다. 그러니 넘어지면 안 됐다. 30년 넘게 그렇게 생각하며 살아왔다. 하지만 꿈만 꾸던 것이 현실로 눈앞에 나타나면 어떤 기분인지 알았을 때, 완벽하게 화목한 가족의 일원이 되는 몽상에 빠진 자신을 발견했을 때, 그녀는 단순히 산산조각 난 가족의 일원으로서 익숙했던 슬픔만 느낀 게 아니었다. 그녀는 '만약에'를 몽상하는 상태가 되었다. 만약에 완벽하게 화목한 가족의 일원이라면, 무엇이 가능할까 상상하게 되었다.

불완전성 수용

"할머니가 화장실에 가려고 일어섰어요. 그리고 서른 살쯤 되어 보이는 손녀에게 다가가더니 두 손으로 손녀의 뺨을 쓰다듬었죠. 그러면서 뭔가를 속삭였는데, 손녀의 표정으로 볼 때 뭔가 아주 좋은 얘기였던 것 같아요."

S는 환하게 웃었다. 그 환한 미소 속에서 할머니가 손녀에게 전했을 감정이 느껴졌다.

"3초밖에 안 되는 짧은 순간이었지만, 절대 잊지 못할 것 같아요. 그 순간 내가 느꼈던 감정을 절대 잊지 못할 거예요. 그런 감정은 상상만 했을 뿐, 경험해 본 적이 없다는 걸 문득 깨달았죠. 엄마 같은 사람이 나를 그렇게 쓰다듬고 다정한 말을 속삭여 준 적이 없어요. 그것도 화장실에 가는 길에 아무렇지 않게 말이죠. 가장 따뜻한 순간이었어요. 손녀가 그 소중함을 알았으면 좋겠다고 생각했어요. 그걸 감사하게 생각하고, 자신이 얼마나 큰 행복을 누리는지 알기를 바랐죠. 손녀에게 직접 말해주고 싶을 정도였어요."

감사. 손녀에게는 분명 매우 익숙한 일상적 상황이었을 테고, 그래서 당연하게 받아들였을 것이다. 화목한 가족 안에서 누리는 큰 행복을 깨닫고 그 순간 깊은 감사를 느꼈을지는 의문이다. 무엇보다 S와 나는 그 가족에 관해 아는 것이 별로 없고, 그저 우리의 마음이 투영된 장면을 잠깐 보았을 뿐이다. 이 대화에서 나는 '감사'라는 단어를 오래 곱씹었다.

우리는 종종 자신과 타인에게 '감사'를 요구한다. 이는 절대 부당한 요구가 아니다. 감사는 정신건강과 인간관계에 확실한 영향을 미친다. 수많은 연구에서 밝혀졌듯이, 감사하는 마음은 회복탄력성을 높이고 스트레스를 잘 극복하게 하는 등 여러 긍정적인 효과가 있다.

하지만 감사하는 마음이 건강에 해로운 방식으로 발현되거나 특정 역학이나 기대와 연결되면, 정반대의 결과를 초래할 수도 있다. 예를 들어 마음속 깊은 곳에서 부정적인 감정이나 불만을 느끼는데도, 감사하도록 강요당할 때가 그렇다. 실제로 감사한 마음이 들지 않거나, 감사할 상황이 아니라고 여겨 감사를 표하고 싶지 않은데도 그래야 한다는 의무감을 느끼는 경우도 마찬가지다.

여기서도 어느 정도 모호성을 받아들이는 게 필요하다. 그래야 진정성 있는, 건강한 감사를 실천할 수 있다. 삶이나 사람 같은 '커다란 전체'에 감사하는 것은 진정성이 떨어지기 때문에 거의 도움이 안 된다. 진심에서 우러난 감사에서 오는 진짜 감정을 느낄 수 없어서 정신건강에 미치는 효과도 없다. 하지만 중간 지대의 미묘한 차이들을 감지하고 사람들의 다양한 동기, 행동, 욕구를 이해한다면 그들을 있는 그대로 볼 수 있고, 그렇게 현실적인 모습을 그릴 수 있다. 그러면 그 사람이 내 삶에 미치는 특정 영향에 감사할 수 있다.

예를 들어 손녀는 할머니의 애정 표현에 감사할 수 있지만, 동시에 할머니가 자신의 개인적인 결정을 자꾸 간섭하는 건 감사하게 여기지 않을 수 있다. 사람은 컴퓨터가 아니고 컴퓨터가 만들어낸 결과물도 아니다. 즉, 사람은 0이나 1이 아니라 0과 1 사이의 모든 것이다. 그게 무엇인지 우리는 한마디로 설명할 수 없다. 설령 한 때 그 사람을 알았기 때문에 지금도 알고 있다고 생각하더라도, 정체성은 발전하고 끊임없이 변할 수 있으므로 지금 알고 있는 것 역시 다시 완전히 바뀔 수 있다.

변화, 발전, 적응은 삶의 자연스러운 일부다. 모호성과 모순 역시 삶의 일부로서 변화, 발전, 적응의 과정에 통합되어야 한다. 그러려면 불완전성을 받아들이고, 정체성 발달에 따라 인생 전반에 걸쳐 수반되는 모호성과 불확실성을 기꺼이 감수해야 한다.

불완전성을 받아들이면 우리는 과정을 소중히 여기며, 완벽하고 견고하게 정의된 정체성이나 주어진 구조를 강박적으로 찾지 않게 된다. 그러면 우리는 자신과 타인을 있는 그대로 받아들이고, 삶의 기복을 한층 더 건강한 태도로 직면할 수 있다.

가족을 간절히 원했던 S는 이런 갈망이 실현되면 어떤 모습일지를 눈으로 확인하고 느낀 후에야 비로소 자신의 깊은 갈망을 깨달았다. 그전까지 그녀는 불완전한 상태에 익숙했다. 가족이 없는 상태를 삶의 자연스러운 일부로 받아들이고 그대로 세상을 헤쳐 나갔다. 다정한 할머니와의 짧은 만남, 이탈리안 레스토랑에서 보낸 토요일 저녁, 언제나 자신을 지켜줄 안전망을 직접 보고 느꼈을 때, 그녀는 비로소 자신에게 무엇이 없는지 깨닫고 불완전함이 동반하는 깊은 슬픔을 느꼈다. 충분히 이해할 수 있고 당연한 일이다. 하지만 그녀는 이 슬픔을 허락하고 충분히 느낀 후에 다시 있는 그대로를 받아들일 수 있게 되었다. 그녀는 자신이 가진 것을 다시 정의하고 '가족'이라고 불렀다. 또한 그녀가 명명한 '가족'이 줄 수 없는 것을 현실적으로 받아들이고, 충족할 수 없는 기대를 이 '가족'에게 걸지 않았다.

자기중심적 관점 극복

"저녁을 먹는 내내 옆 테이블의 대화에 귀를 기울였어요. 그들이 무슨 이야기를 나누고, 무슨 생각을 하고, 왜 웃는지 알고 싶었죠. 한참 지나서 알게 됐는데, 가족들이 30대 중반의 두 손녀를 계속 놀리고 있었어요. 여태 애인도 없고 결혼도 못 했다고요. 둘 다 많이 불편했을 거예요. 그땐 그냥 일반적인 놀림이라고 생각했어요. 하지만 지금은 이런 생각이 들어요. 어쩌면 그들은 자기들이 갖지 못한 것을 보여주는 옆 테이블의 나를 계속 보고 있었던 게 아닐까 하는 생각이요. 나와 남자친구는 낭만적이고 사랑이 넘치는 시간을 보내고 있는 연인의 모습 그 자체였으니까요. 남자친구는 나를 사랑스럽게 바라보며 잔이 빌 때마다 채워 주었고, 내가 제일 좋아하는 음식이 뭔지 잘 알아서 그걸 자기 접시에서 내 접시에 올려줬거든요. 자주 내 손을 잡고 어깨를 부드럽게 어루만져 주었고요. 그땐 옆 테이블 가족에 집중하느라 남자친구의 그런 모습을 인식하지 못했어요. 하지만 옆 테이블의 두 손녀도 나와 같았을 거예요. 그들은 내가 누리는 행복에 집중하느라 자신의 행복은 보지 못했을 거예요. 그렇게 우리 셋은 서로의 행복을 부러워하며 저녁을 보냈을 거예요."

모호성을 수용한다는 것은 다양한 삶의 현실을 열린 마음으로 바라보고, 세상에는 여러 관점이 존재한다는 사실을 인정하는 것이다. 나만 우주의 중심이 아니라 다른 사람들도 나와 동시에 존재하며 그들도 나처럼 이번 생이 처음임을 받아들이는 것이다. 우리는 모두 다르지만 비슷한 방식으로 고통받고 행복을 경험한다. 누구나 성공과 실패를 겪으며, 관점에 따라 빛과 그림자가 달리 보이므로 맞은편 이웃집 잔디가 더 푸르게 보인다는 사실을 인정하는 것이다.

자기중심적 관점은 모든 것이 자신이 인지하는 그대로라는 잘못된 결론으로 이끈다. 우리는 다른 사람이 다른 관점에서, 즉 물리적으로 다른 각도에서 사물을 본다는 사실을 적극적으로 인식해야 한다. 그리고 글자 그대로든 비유적으로든 다른 관점에서 관찰하기 위해 적극적으로 노력해야 한다. 그렇게 하지 않으면 삶의 다양성을 제대로 이해하지 못해 자신과 타인의 차이를 고려하지 않고 자신의 신념과 가치관이 보편타당하다고 믿게 될 수 있다. 자기중심적 관점을 극복하려면 자기 성찰과 공감 능력을 키우고, 인간의 경험이 다양하다는 것을 잊지 말아야 한다. 한마디로 모호성 수용이 필요하다.

10

서로 다른 세계는
하나의 삶이 될 수 있는가

현실과 현실 사이

"학생 때부터 훌리건이었어요. 친구를 따라다니다 보니 어느새 그렇게 되었고, 아직 완전히 그만둔 건 아니에요. 그만두고 싶은 데 '못 하는' 게 아니에요. 그러고 싶은 마음이 전혀 없어요. 사람들은 훌리건을 부정적으로 보지만, 나에게 그들은 '가족'이나 마찬가지예요. 내 형제들이죠. 함께 경기장에 가서 상대 훌리건의 머리를 발로 차는 순간에 형제들과 하나가 된 것 같은 깊은 유대감을 느껴요. 합의되고 공인된 폭력이죠. 왜 훌리건이 거기에 있는지, 앞으로 무슨 일이 벌어질지, 경기장에 있는 모두가 알고 있으니까요. 요즘은 거의 나가지 않지만, 어쩌다 나가면 정말 신나요. 말 그대로 피 튀기는 열광의 도가니에 빠져들고, 다시 힘차게 살아갈 수 있을 것 같은 기분이 들어요."

"나는 사회복지사이자 폭력 예방 교육 강사입니다. 여러 차례 폭력을 휘둘러 처벌받은 청소년들을 상대로 일하고 있어요. 충동 조절, 의사소통, 자제력 등을 기를 수 있게 돕습니다. 이런 자질을 키워 아이들이 신체적·정서적 폭력 없이 자신을 지키고 방어할 수 있게 해 주는 거죠. 이 일은 정말 즐겁고 무척 보람찹니다. 비록 급여는 좋지 않지만, 아이들을 생각하면 다른 일을 한다는 건 상상도 할 수 없어요. 그 아이들을 그냥 내버려두고 싶지 않거든요."

서로 다른 두 입장이지만, 공통점이 있다. 둘 다 어떤 식으로든 폭력을 다루고 있다. 그리고 둘 다 같은 사람이 한 말이다.

P는 건장한 중년 남성으로 특별히 운동신경이 좋은 것 같지는 않지만, 그럼에도 매우 강해 보인다. 위압적인 강함이 아니라 안정감과 단단함이 느껴지는 그런 사람이다. 사실 그는 공황장애로 상담을 받다가 다른 문제도 드러나 같이 살펴보고 있다.

P는 교육 분야에서 활동한다. 폭력 예방 교육 강사 활동도 그중 하나다. 그는 학생 때부터 공공연한 훌리건이었고, 주로 외진 들판에서 상대 훌리건을 만나 소위 '장외 경기'를 치른다. 경기장에서

멀리 떨어진 들판에서 잔혹한 패싸움이 펼쳐진다. 청소년들에게 분노와 갈등을 건설적으로 다루는 전략을 가르치는 폭력 예방 교육 강사 P는 이런 패싸움을 '형제들'과 함께 하는 유대감 형성 활동으로 보았다.

P의 말을 들었을 때 불안감이 엄습했다. 아니, 오히려 당혹스러웠다. 그가 어떤 사람인지 가늠이 되지 않았다. 그의 말을 듣기 전까지는 그를 냉철한 판단력과 폭력에 반대하는 확고한 입장을 가진 헌신적인 교육자로만 알고 있었다. 피에 굶주린 다른 훌리건들과 들판에서 패싸움을 벌이는 모습은 상상하기 어려웠다.

빠지직 소리를 내며 턱이 부러질 때까지 쉼없이 얼굴을 때리는 모습, 목이 졸려 얼굴이 파랗게 질린 상태에서 손가락으로 상대방의 눈을 피가 나도록 힘껏 찔러 헤드락에서 벗어나는 모습, 전투 후 찢기고 더러워진 옷을 입고 집으로 돌아가 다시 평범한 사람이 되는 모습, 아직 완전히 가라앉지 않은 아드레날린 덕분에 통증조차 느끼지 못하는 모습.

내 상상 속에 등장한 인물은 내가 전혀 모르는 낯선 사람이었다. P의 얼굴로는 이런 상상을 할 수 없었다.

P의 모순된 면모를 연결하는 다리가 되어 줄 가설을 열심히 찾았다. 예를 들어 분노와 공격성을 표출하면 해방감과 마음의 평온을 얻는다는 주장을 뒷받침하는 '카타르시스 가설 *Catharsis Hypothesis*'이 있다. 억눌려 있던 감정을 밖으로 풀어내면 더 큰 내면의 평화

와 안정감을 얻을 수 있다는 것이다. P는 아마도 이런 목적으로 '장외 경기'를 활용했을 것이다. 어찌 보면 폭력 예방 교육 강사의 이미지와 잘 어울리는 것 같기도 하다. 그는 통제된 환경에서 분노를 표출하면 '더 나은' 교육자가 될 수 있다고 믿었을지도 모른다.

그러나 카타르시스 가설은 과학계에서 거센 비판을 받았으며, 잘못된 가설로 여겨진다. 연구에 따르면, 통제되지 않은 공격성의 발산은 기대하는 진정 효과를 내기보다는 오히려 공격성을 더 증폭시키는 것으로 나타났다. 하지만 P는 훌리건 활동이 자신에게 도움이 된다고 확신해 공격성 해소 방법으로 삼았을지도 모른다.

"훌리건과 폭력 예방 교육 강사인 나를 연결하는 다리는 존재하지 않아요. 나는 그 둘을 완전히 분리해서 생각합니다. 꼭 연결할 필요도 없잖아요? 내가 훌리건으로서 패싸움을 즐긴다는 얘기를 아이들에게 절대 하지 않아요. 그리고 훌리건 친구들에게도 폭력 방지 전략에 관해 말하지 않죠. 둘 다 나의 일부이고, 독립적으로 내 안에 존재합니다. 둘 중 하나를 선택해야 한다고 생각한 적이 있어요. 교육자 과정을 마친 후, 훌리건 형제와 이별할 때가 왔다고 생각했죠. 한동안 일이 너무 많다거나 몸이 좋지 않다는 핑계를 대며 거리를 두었어요. 하지만 그들을 그리워하는 마음이 점점 커졌죠. 형제들과 공동체, 그리고 과연 성한 몸으로 전투를 무사히 끝낼 수 있을까 싶은 묘한 긴장감이 주는 설렘이 그리웠어요. 훌리건을 대신할 만한 걸 많이 해 봤지만, 그 무엇도 이런 다채로운 감정을 주지 못했어요. 이제 나는 이 둘을 나의 일부로 받아들였어요. 하나로 연결할 수 없는 두 부분으로. 폭력적인 아이들을 더 잘 이해하기 위해 훌리건 생활을 계속한다고 말한다면, 그건 거짓말일 거예요. 나는 아이들을 잘 이해하고 있어요. 적어도 그렇게 생각합니다. 아이들을 이해하기 위해 들판에서 계속 패싸움을 할 필요는 없죠. 폭력을 충분히 경험했으니까요. 그리고 공격성을 해소할 곳이 필요한 시한폭탄 같은 존재도 아니고요. 나의 공격성은 그다지 크지 않아요. 그렇지만 들판에서 나와 형제를 지키기 위해서라면 드러낼 수 있지요."

P와 이야기를 나누며 그에 대한 하나의 이미지를 찾고 싶은 충동을 느꼈다. 하지만 그는 스스로 다리가 필요 없다고 결론지었다. 그는 상반된 두 가지 모습을 다리로 연결하는 대신 명확한 경계를 두었고, 필요할 때면 거리낌 없이 그 경계를 훌쩍 뛰어넘었다. 그는 이 두 면을 연결할 마음이 없었고, 훌리건 활동을 하면서 아이들에게 비폭력을 가르치는 이유를 설명하기 위한 얄팍한 해명도 찾지 않았다. 그는 내적으로나 외적으로나 동시성과 평행성을 유지했다. 적어도 그렇게 보였다.

이런 태도가 하룻밤 사이에 완성된 건 아니다. P는 모순처럼 보이는 두 가지 삶의 방식과 욕구에서 생긴 내적 갈등으로 수년간 고통받았다. 그는 두 가지 삶의 방식이 연결될 수 없다는 것, 그럼에도 서로 독립적으로 존재할 수 있다는 것을 과감하게 받아들임으로써 갈등을 해소했다.

카를 구스타프 융의 이론에 따르면, 해소할 수 없는 것처럼 보이는 내적 갈등이야말로 우리가 성장하고 변화하는 데 꼭 필요하다. 융은 인간에게 본래 자아실현을 향한 내적 욕구가 있고, 이 욕구가 잠재력을 최대한 발휘하도록 이끈다고 주장했다. 융은 이런 자아실현 과정을 '개성화'라고 했다.

개성화의 핵심은 '그림자'라고 하는 부분, 즉 우리가 무의식적으로 억압해 온 성격의 측면을 의식적으로 탐구하는 것이다. 이 그림자 부분에는 우리가 받아들이지 않거나 받아들이기 싫은 불쾌하고 모순적이며 숨기고 싶은 측면이 담겨 있다. P의 그림자 부분은 오랫동안 지속한 피 튀기는 적극적 폭력이었다. 그는 이런 욕망을 억누르거나 다른 활동으로 대체하려고 거듭 시도했지만 결국 모두 실패로 돌아갔다.

개성화는 이런 그림자 부분을 통합하고, 자기 안에 존재하는 상반되고 모순된 힘과 성격을 수용하는 능력을 요구한다. 이런 초월 과정을 통해 우리는 모호성과 양극성을 극복하며, 더욱 포괄적인 자아상을 구축할 수 있다. 그리고 무엇보다 솔직하고 현실적인 관점에서 자신을 바라보게 된다. P는 이를 부분적으로만 달성했다. 그는 이런 상반된 욕구를 허용하고 제한된 틀 안에서 욕구를 충족시키는 법을 배웠지만, 진정한 통합에는 실패했다. 오히려 명확하고 엄격한 분리를 통해 두 영역의 연결 가능성을 완전히 차단해 버리고 말았다.

그렇다면 자기 안의 모든 욕구를 충족하고, 갈등 해소를 위해 상반된 욕구를 명확히 구분하는 것이 해결책일까? P는 폭력에 관한 한 일종의 '이중생활'을 해도 될까? 아니면 어느 한쪽을 선택해야 할까?

문제는 답이 아니라 이런 질문이다. 이 질문들 속에는 도덕적 오만과 질문자가 스스로 결정한 판단이 들어 있다. 그래서 이런 질문은 그저 판결을 내리기 위한 미끼에 지나지 않는다. 판사가 마침내 선고할 수 있도록 상황을 만들어주는 것이다.

심리치료사의 임무는 사람들이 들려준 이야기를 판단하는 데 있지 않다. 오히려 그 반대다. 판단하지 않는 것이 이 일의 핵심이다. 심리치료사로서 나는 이야기 뒤편의 도덕성에는 관심이 없다. 도덕적 갈등으로 생기는 딜레마는 중요하다. 하지만 P가 자기 삶에서 도덕적 갈등을 느끼지 않거나 괴로움 없이 견딜 수 있다면, 이 상황에서 내가 할 수 있는 일은 없다.

그런데 진료실 밖에서는 다르다. 누구나 목소리를 낼 수 있고, 또 내야 하는 사회 및 정치 영역에서는 다르다. 다른 주제라면 좀 더 수긍하기 쉬웠겠지만, 이 주제는 개인적인 측면뿐 아니라 (직업) 윤리, 더 나아가 정치적 측면까지 아우른다. 그리고 이런 맥락에서 P의 두 가지 측면이 과연 어느 정도까지 통합될 수 있을까 하는 의

문이 제기된다. 때때로 과격한 사람들과 만나 피 튀기는 패싸움을
벌이는 사람이 과연 청소년들에게 폭력 예방 교육을 해도 될까? 그
는 얼마나 진정성 있게 자기 일을 할 수 있을까? 그리고 청소년들이
그의 '취미'를 알게 되어 실망하거나, 그를 본보기 삼아 따를 위험
이 있지는 않을까? 그러니 어느 한쪽을 선택해야 하지 않을까?

개인적 이념과 직업적 이념이 충돌하는 경우는 종종 있다. 이럴
때 우리는 어디까지 통합할 수 있는지 가늠해야 한다. 예를 들어 경
찰관인데 개인적으로 강경 우파 성향이거나, 나아가 극우주의자라
면 어떨까? 과연 반헌법적인 극우 이념과 공무원으로서의 직무를
분리할 수 있을까? 헌정질서를 수호해야 할 공적 직무와 헌법을 위
협하는 사적 이념을 분리할 수 있을까?

이런 경우에 모든 것이 공존하도록 내버려 두고 모호성 수용을
내세워 모든 것을 용인하는 것이 해결책일 수는 없다. 그것은 모호
성 수용을 이기적으로 남용하는 것이다.

모호성 수용의 한계

살다 보면 어느 한쪽을 분명하게 선택하고 결단해야 하는 때가 온
다. 그때 우리는 내적 갈등, 상충하는 욕구, 상반된 동기가 있더라도
신중하게 선택지를 따져보고 입장을 분명히 해야 한다. 모든 미덕

이 그렇듯 모호성 수용에도 한계가 있기 때문이다.

모호성 수용의 한계는 여러 영역에서 나타날 수 있다. 그중 핵심적으로 살펴야 하는 지점이 무관심이나 수동성의 위험이다. 깊은 성찰 없이 그저 미덕으로 여겨 모호성을 과도하게 수용하면, 불확실성으로 가득 찬 세상에서 명확한 입장을 정하지 못한 채 체념 속에 살아갈 수도 있다. 모호성이라는 안개 속에는 언제나 중요한 원칙과 가치관에서 멀어질 위험이 도사리고 있다. 모른 척 뒷짐 진 채 뒤로 물러서지 않고 적극적으로 자기 의사를 밝혀야 하는 정치·사회적 문제가 그렇다. 환경보호 문제를 생각해 보자. 기후위기와 환경 파괴라는 절박한 문제 앞에서 우리는 모호성의 안개 속으로 들어가 모른 척하며 뒤로 물러나 있어서는 안 된다.

모호성의 안개 속에 머물다 보면, 단호한 환경보호 정책을 세우지 못할 뿐 아니라 지속가능성과 자원 보존 같은 중요한 원칙을 소홀히 할 위험이 크다. 이런 수동적 태도로는 지구에 가해지는 부정적인 영향을 막을 구체적인 대책을 마련할 수 없다.

또 다른 한계는 위험성 경시다. 모호성 수용이 지나치면 경고 신호와 위협을 대수롭지 않게 여길 수 있다. 불확실성을 지나치게 용인하면 위험한 상황임에도 태평하게 가만히 있을 위험이 생긴다. 물론 '평정심'을 유지하는 것은 좋지만, 실제 위협을 대수롭지 않게 여겨 위험 여부를 즉시 판단하지 않아도 되는 모호한 상황으로 받아들이는 것은 부적절한 수용이다. 최악의 경우 대처 실패로 끝날 수 있다.

　대학 시절에 정신질환을 앓는 범죄자를 위한 정신병원인 치료감호소로 실습을 나갔었다. 직원들은 안전을 위해 언제나 몸에 호출기를 지니고 다녔는데, 실수로 또는 바닥에 떨어져서 잘못 눌리는 바람에 호출기가 작동할 때가 종종 있었다. 보안 시스템 규정이 명확해서 호출기가 울릴 때마다 적어도 한 명은 즉시 자리에서 일어나 안전을 확인해야 했다. 나는 꼭 필요한 타당한 규정이라고 생각했다. 낯설고 위험한 환경에서 그 규정이 안정감을 주었기 때문이다. 그래서 호출기가 울릴 때마다 다른 사람들도 똑같이 반응할 것이라 기대하며 벌떡 일어나곤 했다. 하지만 대부분의 직원은 호출기 소리에 익숙해졌는지 별다른 반응을 보이지 않았다. 오작동도 잦았던 터라, 벌떡 일어나 점검을 나가도 텅 빈 복도를 걷는 일이 많았기 때문이다. 이런 경험들이 모호성을 키웠다. 호출기 소리가 항상 위험을 의미하는 게 아님을 그들은 알고 있었기 때문이다. 대부분의 호출기 소리는 단순한 실수였다. 이제 호출기 소리는 여러 가지로 해석되기에 이르렀고, '오작동'이라는 해석이 가능성도 높고 더 편하고 안전하게 느껴졌다. 하지만 장기적으로 볼 때는 안전을 위협하는 일이었다. 경보가 울리면 즉시 확인하는 것이 가장 중요하고 유일한 규칙인데, 해석의 여지가 생기면 이 시스템은 사실상 없는 것이나 마찬가지이기 때문이다. 이런 상황에서는 불확실성을 용인할 여지가 있으면 안 된다. 설령 대부분 오작동이라 하더라도 규칙은 무조건 지켜져야 한다.

반면 인간관계에서는 지나친 모호성 수용이 명확한 도덕적 입장을 포기하게 하고, 쉽게 타협하게 만든다. 모든 관점을 이해하려고 무리해서 노력하다 보면, 자신의 윤리적 신념에 반하는 선택을 하거나 자포자기 상태에 빠질 수 있다. 모호성 수용이란 모든 관점을 무조건 받아들이고 통합한다는 뜻이 아니다. 일단 허용하고 용인한다는 뜻이다. 반드시 내 입장을 포기해야 할 필요는 없다. '나'로 있으면서 '너'를 수용할 수 있다. 둘이 공생관계로 융합될 필요도 없고, 서로 다른 관점이 끊임없이 대립할 필요도 없다.

A는 특정 종교를 믿지만, B는 다른 종교를 믿는다고 가정해 보자. 모호성 수용 능력이 높은 A는 배우자인 B의 종교를 온전히 이해하고 수용하려 노력한다. A는 평화로운 관계 유지를 위해 열린 마음으로 토론하고 타협한다. 반면 B는 자신의 종교에 강한 애착이 있고, 자신의 종교적 신념을 A가 온전히 받아들이고 실천하기를 바란다. A는 모호성을 수용하고 갈등을 피하고자 B의 신앙생활에 맞추려 한다. 관계를 유지하기 위해 자신의 종교적 신념과 충돌하는 타협을 받아들이거나 심지어 자신의 종교를 포기할 수도 있다.

이 사례에서 A의 과도한 모호성 수용은 결국 신앙의 훼손과 관계 불균형을 초래하는 타협으로 이어진다. B의 기대에 부응하기 위해 A가 종교적 자율성을 희생할 위험이 있고, 이는 장기적으로 관계에 대한 불만과 긴장을 불러올 수 있다.

여기서 모호성 수용은 자신의 종교적 신념을 부정하거나 포기하는 것을 의미하지 않는다. 오히려 두 사람 다 상대의 신념을 존중하고, 관용과 자존감 사이의 균형을 잘 잡아 상호존중하는 건강한 관계를 만들어야 한다.

정치에서도 지나칠 정도로 모호성을 수용하고 모든 측면을 이해하려 들면, 명확한 결단과 실행이 사라질 수 있다. 명확한 리더십을 원하는 사회에서 이런 태도는 약점으로 보일 수 있고, 결국 자질과 역량을 두루 갖춘 정치인이 배제되는 결과로 이어질 수 있다. 따라서 적절한 균형이 중요하다.

모호성 수용은 근본적으로 긍정적인 자세이지만 한계 역시 존재한다. 그러므로 무관심과 경시, 또는 도덕적 상대주의에 빠지는 일 없이 균형 잡힌 자세로 불확실성을 수용할 수 있어야 한다. 불확실한 세상에서 현실의 다양성과 복합성을 인정함과 동시에 명확한 가치관과 신념을 대변할 수 있어야 한다.

P의 경우에 두 현실을 엄격하게 분리하는 일은 점점 힘겨운 고역으로 변해 갔다. 그의 현실 분리는 거의 완벽했다. 훌리건 형제들과 소통할 때만 쓰는 전용 메신저를 사용했고, 그들과 있을 때는 이름 대신 별명만 말했다. 본업으로 출장을 가게 되면 축구와 접점이 있는 지역은 철저하게 피했다. 직장 동료들과 훌리건 형제들이 마주칠 수 있는 생일 파티도 이런 이유로 절대 하지 않았다. 이렇게 두

역할이 단 하나의 접점 없이 공존할 수 있게 함으로써 내적 갈등은 억제할 수 있었지만, 외적 갈등은 막지 못했다. 흔히 말하듯 세상은 참 좁기 때문이다. 어느 날 두 현실이 교차했고, P는 부정적인 결과를 맞이했다. 해고를 당해 직장뿐 아니라 정체성을 형성하고 보람을 느낄 수 있었던 직업까지 잃었다.

우리는 내적 갈등을 해결할 방법을 찾느라 주변 상황을 쉽게 간과한다. 자신에게 맞는 방법이라고 해서 다른 누구에게나 효과적이라는 보장은 없다. 우리는 혼자 살지 않는다. 내면의 모든 일이 외부 세계에 영향을 미치고, 그 반대도 마찬가지다. 여기서도 현실의 복합성과 상호작용에 주의를 기울여야 한다.

P는 자신의 두 세계가 너무나 달라 하나의 삶으로 통합할 수 없다는 것을 인정할 수밖에 없었다. 그는 이 갈등에 잘못 대처했음을 인정했고, 특히 상충하는 욕구와 가치 사이에서 명확한 선택을 해야 할 때도 있다는 것을 깨달았다. 비폭력을 옹호하면서도 적극적으로 폭력을 행사하고 싶은 욕구가 있다면, 결국 둘 중 하나를 선택해야 한다. 모든 것이 양립 가능한 것도 아니고, 모든 것이 현실에서 타협되는 것도 아니며, 모든 욕구를 충족시켜야 하는 것도 아니다. 의식적으로 무언가를 포기하는 대가로 자신의 가치관을 지킬 수 있다면, 욕구 충족만큼이나 만족스러울 수 있다.

11

무절제한 관용은
관용의 본질을 훼손한다

수용과 배타성 사이

부부 상담에서는 내담자가 원하든 원치 않든 모호성 수용을 연습해야 한다. 부부 상담은 개별 상담과 달리 직접적으로 오해의 근본 원인을 다룰 기회가 많다. 개별 상담에서는 배우자에 대해 이야기하는 경우가 많을 뿐 배우자와 함께하는 경우는 드물다. 하지만 부부 상담에서는 두 사람이 마주 앉아 이야기를 나누기 때문에 때때로 상반된 입장이 충돌하여 둘만으로는 감당이 안 되는 장면을 말 그대로 라이브로 지켜볼 수 있다.

서로 달라도 너무 다른 부부를 치료한 적이 있다. 두 사람이 그렇게 달랐던 이유는 겉모습이나 분위기보다는 성장 환경 등 사회화 과정에 있었다.

남편은 극우적 성향이 강한 가정에서 자랐다. 그 역시 열아홉 살이 될 때까지 부모와 형제자매처럼 극우 이념을 따랐고, 주로 그쪽 친구들과 어울렸다. 아내를 만나기 전까지 그렇게 살았다. 아내는 다섯 살에 가족과 함께 튀르키예에서 독일로 이주했다. 아버지는 의사였으나 화학공장에서 이주 노동자로 일하다가 쉰아홉 살에 심장마비로 갑작스레 세상을 떠났다. 어머니는 전업주부로 네 자녀를 돌봤다. 그녀의 부모는 극단적 무슬림이었다. 특히 아버지는 이슬람의 초기 가르침과 무슬림 공동체로 돌아가야 한다고 주장하는 이슬람 근본주의 운동에 수년간 참여했다. 이 운동은 자신들의 이념에 따라 '이슬람 국가IS'를 건설하고 서구 사회 질서를 거부했다. 이 극단적 이슬람의 일부 추종자들과 크게 다투고 운동에서 손을 뗀 아버지는 옛 동료들과 연락을 끊음으로써 이슬람에 대한 해석도 '더 온건한' 방향으로 바뀌었다고 한다.

"그 후로 아버지는 완전히 달라졌어요."

한 상담 시간에 아내가 말했다.

"아버지가 이슬람 근본주의 운동에 참여했을 때, 우리는 생각이 다른 사람들과 그 어떤 접촉도 허락되지 않았어요. 학교에서 친구를 사귀는 것도 안 되고, 이슬람 운동에 동참하지 않는 친척과 연락하는 것도 금지였어요. 완전히 고립되어 살았죠. 그런데 갑자기, 그러니까 그 단체에서 나온 뒤로 아버지는 '형제자매'라고 부르던 사람들보다 새로 만난 '낯선 사람들'을 더 좋아했어요. 몇 년 동안 아버지의 돌변에 어떻게 대처해야 할지 몰랐어요. 이슬람 운동 밖에서는 어떻게 친구를 사귀고 우정을 나누는지도 몰랐죠. 마치 지구에 남겨진 외계인이 안전한 UFO로 돌아가고 싶어 하는 그런 기분이었어요."

"어떤 기분인지 아주 잘 알아요. 빌어먹을 네오나치 *Neo-Nazi*에서 벗어났을 때 나도 똑같은 기분이었거든요."

남편이 말했다.

"하지만 다른 점이 있어요. 우리 가족은 여전히 나치 똥통에 빠져 있고, 이젠 나와 연을 끊고 싶어 한다는 거예요. 아내 덕분에 그 똥통에서 나올 수 있었어요."

그는 아내의 손을 잡고 감사한 듯 어루만졌다.

그들은 생각만큼 그렇게 다르지 않았다! 물론 그들의 이념은 상반돼 서로를 위협으로 여겼지만, 이런 극단주의 이념이 바탕에 깔린 성장 환경은 궁극적으로 매우 유사했다. 나치와 이슬람주의자(일반 무슬림과 혼동하거나 동일시해서는 안 된다)는 이념적으로 매우 다르지만, 극단주의의 몇 가지 특징을 공유한다. 둘 다 권위주의적인 구조와 위계질서를 지향하고, 강력한 지도자와 지도자에게 무조건적인 충성을 요구한다. 반대 의견을 용납하는 일이 거의 없고, 다르게 생각하는 사람들을 차별하거나 더 나아가 폭력적 수단으로 권력을 과시하는 경향이 있다. 부부는 각자의 가정에서 이를 경험했다.

　　나치는 '아리아 인종'의 우월성, 이슬람주의자는 자신들의 종교 공동체를 다른 종교보다 우위에 두는 극단적 해석을 주장한다. 둘 다 우월성과 배타성을 가졌다. 자기들과 다르면 적으로 보고, 자기들이 그들보다 우월하다고 믿는다. 이념 확산과 추종자를 모으기 위한 선전 활동에 집중하고, 적대적인 이미지 조장으로 추종자를 결집하고 단결시킨다. 나치는 유대인과 소수민족을, 이슬람주의자는 '서구'와 다른 종교 집단('비무슬림')을 적으로 규정한다.

　　나치와 이슬람주의자는 이념과 역사적 맥락에서 상당한 차이를 보이지만, 극단주의라는 공통된 구조는 증오와 폭력을 조장하는 데 이념이 어떻게 악용될 수 있는지를 보여준다. 둘 다 극단주의라는 구조에 노출되었고, 그 구조에서 스스로 벗어나거나 내쳐지기 전까지는 그 구조를 '정상'으로 여긴다.

　　"나는 내 종교를 절대로 포기하지 않을 거예요. 종교는 내 삶에서 아주 중요해요. 하지만 나는 개방적인 사람이에요. 그러니까 아버지보다 덜 보수적이라는 얘기에요."

　　"그 정도면 괜찮죠!"

　　아내의 설명에 남편이 말했다. 상담실 분위기가 점점 달라졌다. 긴장감이 감돌았다.

　　"그 정도면 괜찮다고? 무슨 뜻이야?"

　　아내가 날카롭게 쏘아붙였다. 남편은 나를 보며 대답했다.

　　"이슬람주의자였던 아버지보다는 덜 보수적이라는 거 말이야."

아내의 얼굴이 붉게 달아올랐다. 그녀가 화를 내며 물었다.

"그러니까 그게 도대체 무슨 뜻이냐고!"

그녀가 크게 소리쳤다. 질문이라기보다는 비난처럼 들렸다. 남편은 아내를 잠시 바라보았고, 대답하려다 말고 다시 나를 돌아보며 설명했다.

"우리는 3주째 똑같은 문제로 다투고 있어요. 딸이 곧 수영 수업을 들어야 하는데, 아내가 반대해요. 우리 딸은 수영복 차림으로 돌아다니면 안 되고, 여름에 반바지나 치마를 입어도 안 되고, 머리는 항상 단정하게 뒤로 묶어야지 풀어헤치고 다니면 안 된다는 거예요. 정말 어처구니가 없죠. 내 딸이 그런 제약 속에 살게 둘 수는 없어요. 정말 너무 하지 않습니까?"

그는 아내를 바라보며 자신의 질문에 대한 이해할 만한 답을 기다리는 듯했다. 긴장을 풀어줄 답을.

"내가 그 나이였을 땐 벌써 히잡으로 머리를 가려야 했어. 수영은 꿈도 못 꿨고. 그때의 나와 비교하면 우리 딸은 정말 자유로운 거야. 난 그저 딸을 지켜주고 싶을 뿐이야. 행실이 바른 사람으로 자라면 좋겠어."

아내는 남편을 쳐다보지도 않고 대답했다.

"행실이 바른 사람! 그 말을 들으면 나는 미친 우리 엄마가 생각나. 품위니 단정이니 무의미한 개념들 뒤에 숨어 있는 것들. 새로운 파시즘에 들어가려고 빌어먹을 내 가족과 그들의 나치 이념을 버린 게 아니란 말이야!"

남편이 큰 소리로 말했다. 하지만 우리 중 누구에게 한 말이라기보다는 자기 자신에게 한 말이었다.

"방금 나를 파시스트라고 한 거야?"

아내가 어이없다는 듯 소리쳤다.

조용히 지켜보고만 있었던 이 장면은, 다르면서도 유사한 이념과 가치관이 충돌하는 가정의 복잡한 역학 관계를 인상 깊게 보여주었다. 개인의 경험이 어떻게 태도와 신념을 형성하고, 이것이 다시 다른 가족 구성원의 견해와 어떻게 충돌할 수 있는지 보여준다. 딸의 수영 수업에 관한 대화는 더 깊은 이념적 차이를 드러낸다. 남편은 딸의 자유를 강조하며 과도한 제약에 반대한다. 나치를 추종하는 가족과 나치 조직을 떠난 뒤로 자유와 자율성 수호를 더 중요한 가치로 여기기 때문이다. 반면 아내는 전통적인 보수적 가치관을 옹호한다. 그러면서 자신이 이 가치관을 자신의 아버지보다 훨씬 더 개방적이고 자유롭게 실천한다고 생각한다. 이념과 신념이 어떻게 정체성과 삶의 방식을 정당화하고 옹호하는 방어 기제로 작용할 수 있는지 보여준 장면이었다. 감정적이고 격렬한 대화는 깊게 뿌리박힌 신념을 더욱 두드러지게 하고, 타협점을 찾기 어렵다는 것을 명확히 보여준다.

흥미롭게도 이 부부는 첫 아이가 태어나기 전까지는 이런 갈등을 겪은 적이 없었다. 아이를 키우면서부터 두 사람의 규범과 가치관의 근본적인 차이가 드러났다.

아이의 탄생은 부부에게 새로운 활력과 도전을 가져다주는 경우가 많다. 그러다가 아이를 돌보고 양육하는 과정에서 가족의 규범과 가치관에 대한 서로 다른 견해와 기대가 드러난다. 아이가 생기기 전에는 부부가 서로의 이념적 차이를 무시하거나 회피할 수 있었겠지만, 아이가 태어난 뒤에는 더 이상 회피하기 어렵다. 양육과 가정생활에 관한 여러 결정을 내려야 하므로 그 차이가 더욱 두드러질 수밖에 없다.

이는 많은 부부가 겪는 보편적인 현상이다. 공통된 양육 방식을 찾는 과정에서 갈등이 생기곤 하는데, 특히 서로 다른 문화나 이념적 배경을 가진 부부일수록 그렇다. 따라서 중요한 과제는 부모의 욕구와 가치관을 고려하는 동시에, 자녀의 행복을 최우선에 두는 타협안을 찾는 것이다. 이를 위해서는 소통과 열린 마음, 그리고 양육의 공통된 기준을 마련하기 위해 서로에게 다가가려는 노력과 의지가 필요하다.

"이념 분쟁의 한복판에 딸을 세우지 말고, 두 분의 차이를 어떻게 조율할 수 있을지 생각해 보세요."

어느 순간 나는 평소보다 더 직설적으로 말했다. 초점을 딸에서 근본적인 문제로, 즉 서로 다른 가치관을 둘러싼 권력 투쟁으로 옮기기 위해서였다. 또한 속으로 이런 생각도 했다. 기본적으로 배우자의 가치관·규범·태도를 거의 거부하거나, 자신의 가치관이 절대적이라 협상이나 타협의 여지가 전혀 없다면 과연 상대에게 얼마나 관용을 보일 수 있을까?

부부의 대화에서 드러났듯이, 아내는 자신이 정립한 가치관과 규범, 특히 양육 방식을 타협할 생각이 전혀 없었다. 그래서 남편은 아내의 가치관과 규범, 특히 양육 방식을 반대함에도 가정의 평화를 위해 계속해서 양보해 왔다. 그는 이를 '관용'이라고 표현했다.

"저는 나치 가정에서 자랐어요. 다르거나 낯선 모든 것을 즉시 거부하는 걸 원치 않아요. 더 많은 관용을 보이고 싶고, 어떻게든 좋은 타협점에 도달할 수 있을 거라 확신해요. 언젠가는요."

그가 설명했다. 나에게 설명한다기보다 자기 자신을 설득하려는 것처럼 느껴졌다.

그의 아내는 자녀 양육이나 딸의 옷차림 같은 규칙에 대해 협상할 때 여전히 배타적이었다. 그리고 그는 아내의 배타성을 계속해서 관대하게 수용했다.

이 장면을 보면서 배타적인 사람들에 관한 토론이 떠올랐다. 반헌법적이고 인격모독성 발언으로 여론의 뭇매를 맞았음에도 어떤 식으로든 계속해서 공적 생활을 이어가는 사람들. 포퓰리즘 또는 파시즘 정치인들이 토크쇼에 초대되기도 하고, 심지어 프랑크푸르트 국제도서전에 극우 출판사가 부스를 열기도 한다. 정치 성향이나 소속 종교 등을 이유로 공적 생활에서 배제하는 건 당연히 민주주의 정신에 어긋난다. 오히려 그 반대여야 맞다. 민주주의와 공정성을 위해 소속이나 이념, 그 밖의 특징과 상관없이 모두 동등하게 공적 공간에 접근할 수 있어야 한다.

하지만 다른 한편으로, 한 보수 정당 소속 의원들은 반민주적이고 반인륜적인 언행을 반복적으로 공공연히 표출하거나 행동해 왔다. 그렇다면 그들과 그들을 지지하는 사람들을 공적 행사에서 배제하는 게 민주주의 수호에 이롭지 않을까? 그들이 토크쇼에 나와 몇 시간씩 이야기를 하며 포퓰리즘적 언사를 남발하게 않게 하는 것이 바람직하지 않을까? 아니면 정치 성향을 이유로 특정인의 참여를 막는 게 민주주의에 반하는 것일까? 스스로 반민주적인 행동을 하지 않으면서 민주주의를 수호하는 방법은 무엇일까?

이 사례의 남편은 아내의 배타성을 관대하게 수용한다. 그게 진정한 관용일까?

이건 옳고 그름이 명확히 구분되지 않는 매우 모호한 상황이다. 이런 상황은 루미가 정의한 중간 지대, 옳고 그름 너머의 공간으로 돌아가라고 요구한다. 배타성에 계속해서 배타적으로 대하는 것은 언뜻 비민주적으로 보인다. 사람들이 이념을 이유로 배제되는 일이 있기 때문이다. 하지만 배타성을 배타하는 것은 다른 사람이나 단체를 위협하는 반민주적 이념에 반대한다는 강력한 입장표명이자 분명한 신호다.

반민주적인 행동을 하지 않으면서 민주주의를 수호하는 방법을 물으면, 답은 대개 중요하면서도 타당한 이런 키워드로 채워진다. 예방과 교육, 시민사회 강화, 관용과 포용성 증진, 계몽과 인식 개선, 과격화 방지 프로그램, 반민주주의 이념 범죄의 감시와 효과적인 기소.

독일 헌법수호청 *Bundesamt für Verfassungsschutz, BfV*의 감시도 중요한 역할을 한다. 헌법수호청의 주요 임무는 독일 연방정부와 주정부의 헌법 질서를 수호하는 것이다. 이를 위해 극단주의 활동을 감시하고 민주적 기본 질서를 위협할 수 있는 활동을 예방한다.

한스게오르크 마센*Hans-Georg Maaßen* 전 헌법수호청장은 퇴임 후에 반유대주의와 극우주의, 음모론 등으로 비칠 수 있는 정치적 발언을 해서 여러 번 비난받았다. 그는 이런 비난에 항변했지만, 현재 극우주의자로 의심받아 헌법수호청의 감시 대상에 올랐다.

누군가에게는 그저 뉴스 하나에 불과하겠지만, 극우주의 확산이 곧 실존적 위협인 사람들에게는 대단히 모욕적인 일이다. 민주주의 질서를 수호하는 공공기관의 수장을 지낸 사람이 이제 그 기관의 감시를 받고 있다.

정치적·윤리적 효과 외에 특히 극우주의로부터 위협받는 사람들에게 미치는 심리적 영향을 강조하고 싶다. 민주주의 신뢰와 수호는 이를 책임지는 기관에 대한 신뢰가 있어야 가능하다. 전 헌법수호청장 사건 외에도 최근 몇 년간 헌법수호청을 둘러싼 수많은 논란이 이런 신뢰를 심각하게 흔들어 놓았다.

여기서도 우리는 모호성을 최대한 수용해야 할까? 위헌적 행동을 했다고 의심받는 전 헌법수호청장에게도? 아니면 여러 해석의 여지가 있는 모호한 상황으로 보고 관용을 베풀어야 할까? 어느 정도의 관용이 적절할까?

인류 역사의 어두운 장이자 안타깝게도 아직 끝나지 않은 파시즘이 관용의 역설을 드러낸다. 모호성 수용을 자부하는 사람들은 여기서 다시 모순처럼 보이는 상황에 부딪힌다. 도대체 모호성을 수용하면서 타인에 대한 배타성을 어떻게 용인할 수 있단 말인가?

이 역설은 해석의 여지를 허락받으려는 요구와 바로 그것을 억압하는 현실 사이의 긴장에서 비롯된다. 모호성 수용은 정치적 맥락에서 양날의 검이 될 수 있다. 이 역설을 해결하려면, 배타성을 수용할 때 생길 수 있는 잠재적 위험과 모호성 수용 사이의 미묘한 경계를 비판적으로 검토해야 한다.

역사는 파시즘의 혼란 속에서 모호성 수용 개념이 정치적으로 매우 다양하게 해석되었음을 보여준다. 다양한 관점과 견해를 수용한다는 생각은 역설적으로 배타적인 견해와 행동을 수용하는 결과로 이어질 수 있다. 이른바 '관용의 역설'은 관용적인 사회가 배타성을 수용하려 시도할 때 발생하는 문제다. 배타적인 견해나 행동을 과하게 관용하면, 관용의 토대 자체가 무너질 수 있다.

관용의 역설을 두고 "배타성 수용이 배타성을 낳는다"는 격언으로 표현할 때가 있다. 사회가 배타적인 견해나 행동을 과도하게 용인하면 관용의 본질이 훼손될 뿐 아니라 사회에 부정적인 결과를 초래할 수 있다는 뜻이다. 다시 말해, 우리가 관용을 보이기 위해 배타적인 인물을 공적 행사에 더 많이 초대하고 환영할수록 무절제한 관용으로 관용 자체를 더욱 훼손하게 된다.

이때 자연스럽게 질문이 생긴다. 관용적인 사회는 어느 정도까지 관용을 베풀어야 배타적인 신념이나 행동을 수용하면서도 본연의 가치와 원칙을 위태롭게 하지 않을 수 있을까?

앞서 살펴봤던 엘제 프렌켈-브룬스비크 연구팀의 파시즘 맥락의 권위주의적 성격을 기억하는가? 그들은 종단 연구를 통해 권위주의적 성격 특성이 시간의 흐름에 따라 어떻게 발달하는지 추적하고, 사회경제적 지위나 정치 성향 같은 다른 중요한 변수와 어떤 관계가 있는지 분석했다.

연구의 핵심은 가족 구조와 양육 방식 분석이었다. 특히 권위주의적 양육 방식 연구는 권위주의적 성격을 이해하는 데 매우 중요했다. 프렌켈-브룬스비크는 권위주의적인 부모가 어떻게 권위주의적인 양육 방식으로 자녀에게 권위주의적 성격 특성을 심어주는지 밝혀냈다. 앞서 다룬 극단주의 가정에서 자란 부부의 사례가 이를 매우 분명하게 보여준다. 특히 아내는 자신에게 주입된 극단주의 이념과 가치관을 쉽게 떨쳐내지 못했다. 더는 그런 이념과 가치관에 따라 살지 않겠다는 결정조차 그녀 자신의 결정이 아니라 권위주의적인 아버지에 의해 내려졌기 때문이다. 그녀는 어린 시절부터 아버지의 엄격하고 보수적인 규칙을 무조건 따라야 했기 때문에 계속해서 자율성이 좌절됐다. 아버지가 근본 이슬람주의 운동을 그만두면서 이슬람주의 규칙에서 벗어났지만, 자유를 통한 자율성을 되찾지 못했다. 더 이상 엄격한 규칙에 얽매이지 않았지만, 생활방식을 바꾸겠다는 결정은 그녀의 몫이 아니라 여전히 다른 방식으로 권위주의적인 아버지의 몫이었다. 아버지의 사망으로 '지도자 없는' 상태로 남아, 결혼 생활에서 스스로 권위주의자가 되어 엄격하고 타협할 수 없는 규칙을 딸에게 강요했다. 프렌켈-브룬스비크가 밝힌 그대로다.

그러나 프렌켈-브룬스비크는 개인의 개별적 차원에 초점을 맞추는 데 그치지 않고, 이런 개인들의 성장 환경도 살폈다. 거기서 다시 한 걸음 더 나아가 권위주의적 태도를 발달시키는 사회적·문화적 요인을 탐구했다. 그 결과 사회적 불평등과 정치 및 경제적 불안정이 권위주의적 성격 발달에 미치는 영향을 발견했다.

당시의 연구는 파시즘 이념의 복합성과 미묘함을 드러냈고, 이 이념이 개인의 성격뿐 아니라 사회·문화적 영향 속에서 형성된다는 점을 강조했다. 모든 개별 사례에서도 이처럼 요인이 여럿이라는 점을 이해하는 것은 매우 중요하다. 우리는 개인에게서 극단주의 이념을 찾아내 (우리가 지지하는 이념을 근거로) 악이냐 선이냐로 단정 지을 수는 없다. 그것을 구조적으로 생각해야 하는데, 그 기원이 구조적이기 때문이다.

그런데 관용과 민주주의는 너무나 자주 당연한 것으로 여겨진다. 마치 불변의 자연법칙이나 신의 선물처럼 여겨진다. 그러나 민주주의는 자연적으로 존재하는 현실이 아니라 만들어지고 유지되는 사회적 산물이다. 우리는 민주주의가 세계 질서의 필연적 요소라고 확신하며 살아간다. 우리에게 민주주의는 햇빛이나 바람과 같다. 흔들림 없는 확신이다. 그러나 민주주의는 불변하는 자연 법칙도, 하늘의 선물도, 필연적인 질서도 아니다. 민주주의는 공동체가 만들고 유지, 보존해야 하는 지속적인 대화다. 저마다 목소리를 내더 정의로운 세상을 만들고자 하는 공통의 열망을 가진 사람들의 대화다. 프렌켈-브룬스비크의 권위주의적 성격 이론에 따르면, 이런 대화는 부모와 자녀의 상호작용 과정에서 이미 시작된다.

부부의 상황은, 앞에서 설명한 것처럼, 대립하는 두 입장 사이의 전선을 강화하는 것으로는 해결될 수 없다. 옳고 그름을 명확히 따지는 것으로도 안 된다. 오히려 어떤 비용, 이익, 결과를 맞게 될지 신중하게 따져보고 그에 맞는 적절한 방법을 의식적으로 선택해야 풀 수 있다. 하지만 개인의 자유와 민주주의, 그리고 민주주의 수호가 목표라면, 이 사례에서 자유는 역설적으로 자유에 반하는 행동을 할 때만 지킬 수 있다. 이 점을 분명히 해야 한다.

가까운 관계일수록 관계를 오래 잘 유지하려면 더 높은 수준의 모호성 수용이 필요하다. 특히 자녀라는 또 다른 주체가 개입된 관계라면 더욱 그렇다. 자녀가 포함된 상황이라면, 건강하고 지속 가능한 관계를 위해 모든 당사자가 서로의 말에 귀 기울이고 타협하며 상호존중하는 것이 무엇보다 중요하다.

부부의 경우, 서로 다른 견해와 가치관을 건설적으로 활용하고 서로에게 배운다면 그런 다름이 오히려 다양성과 힘의 원천이 될 수 있음을 깨달아야 한다.

이때 모호성 수용이 자신의 신념이나 가치관을 버려야 한다는 뜻은 아니라는 점이 중요하다. 모호성 수용은 타인의 관점을 존중하고 자기 생각과 일치하지 않는 대안적 해결책을 열린 마음으로 대하는 것이다. 예를 들어 부부는 자신이 자녀에게 어떤 권력과 소유권을 행사하는지 성찰해 볼 수 있다. 또한 자신의 어린 시절과 부모님을 되돌아보고 부모님이 어떤 권력과 소유권을 행사했는지 살피는 것도 도움이 된다. 내 아이니까 내 맘대로 해도 되는 것은 아니다. 양육 의무 같은 법적 규정 외에도 법적 구속력은 없지만 비폭력적 양육을 위해 부모가 숙고해야 할 윤리적 지침이 있다.

• 존중

아이들은 독립적인 인격체로서 존중받아야 한다. 부모는 자녀의 감정과 생각, 의견을 중요하게 여겨야 한다. 부모는 자녀를 존중하고, 자녀가 타인을 존중하도록 도와야 한다.

- 자율성

아이들은 발달 단계가 허용하는 범위 내에서 스스로 결정하고 자신의 관심사를 따를 수 있어야 한다. 부모는 자녀가 스스로 성찰하고 의사 결정할 수 있도록 지원하여 자율성을 키워줘야 한다.

- 공감

부모는 자녀가 주변 사람들의 감정을 이해하고, 타인의 입장으로 생각할 수 있게 가르쳐야 한다. 그래야 타인에게 공감하고 연민을 베풀며 다른 사람의 행복을 위해 노력하는 사람이 될 수 있다.

- 정의

아이들은 정의롭고 공정하게 결정하는 법을 배워야 한다. 이를 위해 부모는 자녀에게 타인의 욕구를 배려하고 존중하는 자세로 갈등을 해결하도록 가르쳐야 한다.

- 개방성과 정직성

부모는 자녀와 솔직하고 개방적인 자세로 소통하면서 자녀가 세상을 이해하도록 지원해야 한다. 이를 위해 어려운 주제라도 기꺼이 대화하고, 자녀에게 자신의 의견과 감정을 표현하고 마음껏 질문할 기회를 줘야 한다.

- 책임감

아이들은 자기 행동의 결과를 이해하고 책임지는 법을 배워야 한다. 따라서 부모는 자녀에게 바람직한 행동의 기준을 명확히 제시하고, 자신의 책임을 인식하고 수행하도록 지원해야 한다.

- 다양성과 포용성 부양

부모는 자녀가 세상의 다양성을 존중하고, 다른 문화·배경·생활 방식을 가진 사람들을 열린 마음으로 대할 수 있게 격려해야 한다. 그래야 타인에 대한 관용과 존중을 키울 수 있다.

윤리적 관점에서 보자면, 부모는 자신의 이념을 자녀에게 전할 수 있다. 그럼에도 자녀는 자기 나이에 맞는 선택을 할 수 있어야 하고, 설령 그 선택이 부모 어느 한쪽, 또는 두 사람 모두의 가치관에 어긋나더라도 존중받아야 한다. 자녀는 부모의 소유물이 아니며 그렇게 여겨서도 안 된다. 모든 아이는 (바라건대) 미래 사회 형성에 직간접적으로 기여하는 성인으로 성장할 것이다. 그 미래 사회에 우리는 없겠지만, 우리가 아이들에게 물려주거나 남긴 모든 것이 어떤 형태로든 이어질 것이다. 결국 문제는 이것이다. 우리는 무엇을 물려주고 싶은가?

12

우리가 모임에서
수프를 먹게 되는 과정

동조와 모호성 사이

우중충한 어느 날 베를린에서 한 워크숍에 참가했는데, 아주 평범해 보이는 가벼운 질문으로 이야기가 시작되었다. "가장 좋아하는 수프는 뭐예요?" 처음 만난 사람들의 어색함을 깨는 일종의 아이스브레이킹이자, 아주 사적인 소소한 정보를 통해 참가자들이 서로 더 가까워지게 하려는 질문이었다. 모두 편안하게 얘기해도 될 만큼 아주 사소한 정보였지만, 이때는 아직 이 질문이 우리를 얼마나 가깝게 할지 전혀 예상하지 못했다.

여기저기서 대답이 나왔다. 이쪽에서 비트 수프, 저쪽에서 토마토 수프. 각자 자신의 수프 취향을 공유했다. 얼핏 가벼운 잡담처럼 보였지만, 사실 이건 미처 알아차리지 못한 채 시작된 '점화*Priming*'였다. 점화란 다음 행동에 영향을 미치는 무의식적인 인지적 준비를 뜻한다. 우리는 그 어떤 예상이나 계획 없이 이 점화에 이끌려 요리에 관해 이야기를 나눴다.

그렇게 몇 시간이 흘렀다. 첫 질문은 이미 기억 저편으로 사라진 뒤였다. 이런저런 이야기가 오가고 살짝 피로감이 번졌을 때, 점심 메뉴 질문이 등장했다. 우리는 인터넷으로 베를린에 있는 수많은 식당의 메뉴를 살펴봤다. 그런데 이 국제도시의 수많은 메뉴가 갑자기 무의미하게 보였다. 우리는 거의 만장일치로 '포'를 골랐다.

그렇다. 베트남 쌀국수다. 전 세계의 음식을 맛볼 수 있는 베를린에서, 우리는 김이 모락모락 나는 쌀국수와 두부를 선택했다. 왜냐고? 글쎄, 일단 정말 맛있고, 어쩌면 초반의 '점화'가 그런 결정으로 이끌었는지도 모른다. 제일 좋아하는 수프가 뭐냐는 질문에 우리는 무의식적으로 수프를 점심 메뉴로 정한 셈이다.

마치 이렇게 생각했던 것 같다. 수프 이야기를 나눴으니 누군가 말했던 수프를 주문하는 게 좋겠어. 집단 동조! 아니, 아이러니와 두부를 곁들인 집단 동조라고 하는 게 더 맞을까?

쌀국수를 먹으며, 나는 여론에 휩쓸리는 게 얼마나 쉬운지 새삼 깨달았다. 가장 좋아하는 수프가 뭐냐는 질문이 일종의 메뉴 빙고 게임으로 발전했고, 빙고를 완성할 유력한 후보자로 베트남 쌀국수가 두각을 나타냈다.

사실 이건 아주 평범한 일상적 일화에 불과한데, 내가 너무 과하게 해석하는 것일지도 모르다. 그러나 이 일화는 집단 동조의 함정을 아주 잘 드러낸다. 때로는 베를린의 다양한 음식이 아니라 워크숍 참가자가 무심코 말한 가장 좋아하는 수프가 점심 메뉴를 결정하기도 한다.

사회심리학은 우리의 성향과 선호도에 영향을 미치는 이런 힘, 대개 잘 보이지 않는 이런 힘에 주목해 오래전부터 연구해 왔다. 그중 가장 흥미로운 현상이 '집단사고'다. 집단사고란 우리가 점심 메뉴를 선택할 때 했던 것처럼, 사람들이 자신의 의견이나 결정을 집단에 맞춰 조정하는 경향을 설명하는 심리학 개념이다.

1950년대 솔로몬 애쉬*Solomon Asch*의 획기적인 '동조 실험'이 집단사고의 숨겨진 심연을 드러냈다. 간단한 선 길이 비교 실험에서 사회적 압력의 놀라운 힘이 드러났다. 참가자에게 선의 길이를 가늠하게 했을 때, 같은 의견을 가진 다수에 둘러싸여 있으면 그들에 동조하여 자신의 답을 수정했다. 동조 욕구가 명백한 현실 인식마저 압도한 것이다.

이후 수십 년간 여러 연구가 집단 동조의 미묘한 양상을 밝혀냈다. 스탠리 밀그램*Stanley Milgram*은 권위주의적 영향력이 개인의 행동을 어떻게 바꾸는지 보여주었고, 필립 짐바르도*Philip Zimbardo*는 그 유명한 '스탠퍼드 감옥 실험'을 통해 집단 내 역할과 규범이 얼마나 빠르게 형성되는지 밝혔다.

집단 동조는 단순한 꼭두각시놀음이 아니다. 군중심리의 매혹적인 속삭임과 개인의 신념이 여러 측면에서 복잡하게 상호 작용하는 현상이다. 수용과 조화를 향한 갈망이 개성을 추구하는 열망과 뒤섞여 우리의 결정 패턴이 형성된다. 그렇게 집단의 뜻이 우리의 결정에 스며든다.

사회적 역학을 관찰해 보면, 자신의 의견을 억누르고 집단에 동조하는 것이 사회적 정체성과 소속감이라는 보상을 받는 안전한 길로 여겨진다는 사실을 알 수 있다. 목소리를 낮추더라도 우리는 기꺼이 집단의 합의에 동조한다. 워크숍 일화처럼 말이다. 쌀국수를 주문하고, 더 나아가 쌀국수를 먹을 생각이 전혀 없었고, 혼자였다면 평소 식습관 때문에라도 절대 선택하지 않았을 텐데도 나는 갑자기 쌀국수가 먹고 싶다고 확신했다. 사실 대수롭지 않은 예시이긴 하지만, 의도적으로 이 사례를 골랐다. 일상에서 쉽게 지나치는 이런 소소한 경험을 통해 독자들이 다음에 이어질 내용을 좀 더 차분히 받아들일 수 있도록 하고 싶었기 때문이다.

사람들에게 어떤 방식으로 결정하는지 질문하면, 대부분 집단 역학이나 점화 같은 심리학적 영향 없이 독립적으로 결정한다고 대답한다. 오직 스스로 결정하고 생각한다는 것이다. 바로 이런 일반적인 착각 때문에라도, 집단사고의 미묘한 흐름과 집단의 영향력을 이해하고 그 장단점을 파악할 필요가 있다.

집단 속에서 우리는 소속되고자 하는 욕구와 개인적 신념 사이에서 갈팡질팡한다. 집단 동조는 사회적 압력으로 작용하여 개인의 자율성을 침해한다. 스탠리 밀그램의 실험 같은 고전적인 실험들은, 권위주의에 영향을 받는 사람들이 어떻게 자신의 신념에 반하는 행동을 하게 되는지 보여준다. 사회적 기대 때문에 개인의 의견은 종종 조화로운 집단을 위해 희생된다. 이런 현상은 권위주의와 사회적 압력의 그늘에서 강화된다. 인간의 적응력을 보여주는 한 단면이기도 하지만, 나치나 파시즘 같은 극단적 이념이 더해지면 치명적인 위험이 된다.

다채로운 삶의 천적

전체주의 체제는 획일적인 집단 정체성을 형성하기 위해 집단 동조 메커니즘을 의도적으로 활용한다. 집단에 동조하기 위해 개인이 도덕적 신념이나 윤리적 경계를 무시하게 되는 경우도 있다. 비판적 성찰과 개인의 도덕적 책임이 억압되는 맥락에서 군중에 자신을 맞추는 것은 파괴적 결과를 초래할 수 있다.

반대로 전체주의는 모호성 수용을 적대적으로 본다. 모호성을 잘 수용하는 사람은 불확실성에 효과적으로 대처하고 새로운 관점을 받아들이는 데 거리낌이 없다. 따라서 모호성 수용은 개인의 성찰을 보장하고, 독자적 견해를 장려하며, 불확실성을 견딜 수 있게 돕는다. 파시즘 상황에서 집단 규범이 개인의 자율성을 짓누르지 못하게 막는 보호벽 역할을 하는 셈이다.

나치의 부상이라는 역사적 맥락에서 높은 수준의 모호성 수용은 무엇보다도 비판적 성찰을 북돋우고 일방적 동조를 깨는 데 크게 기여했을 것이다. 파시즘은 인종과 민족 측면에서 획일적이고 동질적인 정체성을 선전하는 경향이 있다. 반면 모호성 수용 수준이 높은 사회는 다양성을 중시하고 열린 마음으로 다양한 문화적 관점을 받아들이도록 장려한다. 파시즘의 접근 방식과 정반대다.

모호성 수용은 개인의 자유와 창의적 사고, 문화적 다양성을 폭넓게 이해할 수 있는 공간을 열어준다. 말하자면, 동조와 억압의 단조로움에 맞서는 다양성의 교향곡인 셈이다.

역사책에서 만날 수 있는 유명한 사례가 조피 숄_Sophie Scholl_과 '백장미단' 단원들이다. 그들은 권위주의적이고 파시스트적이고 반유대주의적이며 인간 혐오적인 나치 이념에 적극적으로 저항했다. 이런 행동으로 큰 위험에 빠질 수 있음을 잘 알고 있었음에도 나치 정권에 저항할 것을 촉구하고, 나치 정권의 잔혹 행위를 공개적으로 규탄하는 전단을 배포했다. 그들의 용감한 행동은 저항의 한 형태였다. 이런 저항을 통해 대안적 관점을 지지하고 나치 이념에 대한 비판적 성찰을 호소했다. 자신들의 행동으로 위험에 빠질 수 있다는 것을 알고 있었지만, 그럼에도 신념을 지키고 일방적 동조에 맞서 싸웠다. 그들은 침묵과 인내, 방관이 진정한 안전을 보장하지 못하고 오히려 더 큰 위험을 초래한다는 사실을 잘 알고 있었다.

잘 알려진 또 다른 사례는 미국의 시민권 운동가 로자 파크스*Rosa Parks*다. 그녀는 앨라배마주 몽고메리의 버스에서 백인 승객에게 자리를 양보하지 않음으로써 인종차별에 대한 저항의 상징이 되었다. 그녀의 행동은 몽고메리 버스 보이콧 운동의 도화선이 되어 미국 시민권 운동의 이정표가 되었다. 로자 파크스는 인종차별적인 법과 규범에 맞서 저항하고 일방적 동조를 거부함으로써 대안적인 관점을 제시했다. 이런 불복종 행위로 체포와 보복의 위험에 처할 수 있음을 알면서도 자신의 신념을 위해 용감하게 일어나 불의에 맞서 싸웠다. 그녀의 저항과 그에 따른 시민권 운동은 인종 분리법 폐지는 물론, 평등과 사회 정의를 촉진하는 중대한 변화를 이끌었다.

로자 파크스와 조피 숄을 비롯한 수많은 용감한 인물들은 의식적 저항이 권위주의적이고 차별적인 이념에 맞서 어떻게 작동하는지, 억압과 불의의 시대에도 문화적 다양성과 개인의 자유를 중시하도록 장려할 수 있는지 보여준다. 그들의 굳건한 의지는 정의와 평등을 위한 투쟁이 불의에 맞선 한 사람의 용기에서 시작된다는 사실을 일깨운다. 신념과 행동으로 엄청난 변화를 일으켜 대중을 움직이는 것은 바로 집단이 아닌 개인이다.

군중심리

귀스타브 르 봉*Gustave Le Bon*에 따르면, 군중심리는 개인과 사회의 관심사가 하나로 맞물린 복합적 구조다. 군중심리는 인간 행동의 숨은 메커니즘을 매혹적으로 드러낸다. 그는 《군중심리》에서 마치 선구자처럼 날카로우면서도 공감 어린 시선으로 우리를 군중심리라는 덤불 속으로 안내한다.

우리는 르 봉을 통해 군중이 개인들의 단순 집합 그 이상임을 깨닫는다. 군중 속에는 개인의 생각과 감정의 총합을 뛰어넘는 고유한 역동성이 있다. 일반적으로 자기 삶의 주인공인 개인이 군중 속에서는 앙상블의 일원이 된다. 이때 개인의 생각과 집단의 의견 사이의 경계가 모호해지며, 집단의 에너지가 보이지 않는 베일처럼 개인의 신념을 덮는다. 총합이 부분의 합보다 크고, 군중이 하나의 독립된 실체가 되는 일종의 '사회적 연금술'과 같다.

콘서트나 대규모 행사에서 분위기에 휩쓸려 환호하고 열광해 본 사람이라면 이런 감정을 잘 알 것이다. 이때의 감정은 많은 사람과 하나가 되는, 즐겁고 바람직한 일체감이다. 르 봉의 표현을 빌리면, 감정은 사회적 바이러스처럼 군중에서 군중으로 전염된다. 열광이 들불처럼 번지듯 두려움과 불확실성도 마찬가지다.

바로 여기에 '사회적 광란'이라는 큰 위험이 도사리고 있다. 합리적 이성이 군중 속에서 종종 집단 비이성의 베일에 가려진다. 특히 의도적으로 두려움과 불안이 조장될 때 더욱 그렇다. 개인의 사고 과정은 집단 역학에 묻히고, 군중은 열광과 파괴를 동시에 불러일으키는 독립된 행위자가 된다. 르 봉이 묘사했듯이, 두려움은 전염병이나 구름처럼 군중 속으로 번진다. 보이지 않는 안개처럼 군중에 스며들어 개인의 삼각을 흐리고 집단적인 불안을 키우는 것이다. 이런 상황에서 개인은 합리성을 잃을 뿐 아니라 위협감에 휩쓸리게 되고, 군중 전체가 집단 긴장 상태에 빠진다.

잘 알려진 사례가 바로 1978년 가이아나 존스타운에서 발생한 비극이다. 짐 존스*Jim Jones*가 이끄는 사이비 종교 단체인 인민사원*Peoples Temple*의 신도 900여 명이 집단 자살한 사건이다. 카리스마 넘치는 지도자의 권력과 강력한 집단 정체성이 결합하면, 사람들은 개인의 이성을 버리고 집단의 비이성적 결정을 따르게 된다.

사이비 종교에서는 사회적 압력, 배제의 두려움, 공동체 환상 같은 여러 심리적 기제가 작동해 신도들이 개인의 자율성을 포기하고 집단의 비이성적 행동에 동참하게 된다. 집단사고와 집단 비이성 현상이 여기서 특히 두드러진다. 이 현상은 개인의 사고가 집단 역학에 자리를 내주고 확신에 차서 목숨을 던질 만큼 집단에 획일적으로 동조할 때 어떤 위험이 닥치는지도 보여준다.

이처럼 감정과 동조가 뒤섞인 상황에서는 이성적 심사숙고가 뒷전으로 밀려난다. 집단으로 뭉친 개인들은 안정감과 방향성을 추구하고, 그 과정에서 비록 비이성적일지라도 집단의 사고와 신념에 집착하는 경향이 있다.

불확실성은 이런 효과를 더욱 증폭시킨다. 자신을 둘러싼 세상이 불투명해지고 긴박한 질문에 내놓을 명확한 답이 없을 때, 사람들은 기준점이 될 만한 무언가를 더 강하게 원한다. 이때 등장하는 강력한 지도자와 군중은 명확한 해답과 해결책을 약속하고, 특히 포퓰리즘 언어로 포장된 그럴싸한 기준점을 제시한다.

얼마 전, 한 기자에 관한 기사를 읽었다. 그 기자는 인터뷰 형식으로 극우 정치인에게 발언 기회를 주었다. 아마 이런 공개 인터뷰를 통해 그 정치인이 내놓는 극우 메시지를 반박함으로써 최소한이나마 극우주의를 드러내려고 했을 것이다. 아직 완전히 마음을 정하진 못했지만 아마도 우파 성향의 정당에 표를 주는 쪽으로 기운 유권자들을 민주 진영으로 끌어오려는 시도였으리라. 그러나 인터뷰를 할수록 포퓰리즘적 언어와 그 대중적 영향력 앞에서 기자가 얼마나 속수무책인지가 드러났다. 그는 분명 객관적이고 타당한 주장만으로 극우주의를 폭로하고 비판할 수 있다고 생각했을 것이다. 명확한 사실에 근거한 반박이 정치인의 단순 선전보다 설득력 있다고 여겼을 것이다. 하지만 그는 평범함, 단순함, 명확함이 가진 강력한 힘을 심각하리만치 과소평가했다.

저명한 정치 이론가 한나 아렌트 *Hannah Arendt* 는 '악의 평범성' 개념을 통해 평범한 사람들이 어떻게 전체주의 체제에 복무하고 잔혹 행위에 가담하면서도 죄책감이나 책임감을 크게 느끼지 않는지를 설명했다. 아렌트는 홀로코스트를 조직하는 데 중요한 역할을 했던 나치의 고위 관료 아돌프 아이히만_Adolf Eichmann_이 광적인 나치도 특별히 악랄한 사람도 아닌, 그저 도덕적 성찰이나 양심의 가책 없이 자기 임무를 수행한 평범한 관료일 뿐이라고 주장했다. 다시 말해, 그 기자가 인터뷰 내내 시도한 것처럼 도덕성이나 양심에 호소해서는 극우 정치인의 단순한 흑백 세계에 맞설 수 없다.

아렌트는 또한 전체주의 정권에서 복종과 동조를 얼마나 중시하는지 강조하며, 악은 일상생활의 평범함 속에 숨어 있다고 주장했다. 그리고 악을 소수에게만 나타나는 예외적이고 흔치 않은 현상으로 보는 것을 경고했다. 우리가 자신의 행동에 대한 책임을 회피하고 맹목적으로 순응할 때 우리 각자의 내면에 악이 잠재되어 있을 가능성이 크다고 강조했다.

솔직히 '악'이라는 개념을 완전히 이해하는 건 쉽지 않다. 그럼에도 아렌트가 묘사한 '악의 평범성' 부분은 높이 평가한다. 핵심을 명확히 짚었다. 극우주의나 여타 인간 혐오 이념의 위험성은 복잡성이 아니라 평범성에 있다. 경각심을 불러일으키는 집단 테러처럼 눈에 띄는 사건만 위험한 게 아니다. 수백만 명이 소파에 앉아 시청하는 유명 토크쇼에 나와 자신의 극우 이념을 마치 무해한 의견인 양 공개적으로 선전하는 정치인처럼 눈에 띄지 않게 증오와 배척, 폭력을 퍼뜨리는 행태 역시 위험하다.

이런 표현 방식이 바로 포퓰리즘 언어의 특징이다. 포퓰리즘 언어는 단순한 메시지를 사용하여 강렬한 감정적 반응을 유발하고, 복잡한 문제를 단순한 원인으로 축소한다. 검증 가능한 객관적 정보와 사실에 기초한 기자의 반박보다 이 메시지가 훨씬 더 강력하게 전달된다. 포퓰리즘은 복잡한 것을 단순하게 바꿔 모호성을 지워 버린다.

포퓰리즘 연설자들은 기억하기 쉽고 따라 하기 쉬운 인상적인 짧은 문장이나 슬로건을 주로 쓴다. 이런 슬로건은 감정을 자극하고 지지자들의 강한 유대감을 형성한다. 독일에는 "진실을 말할 용기"나 "독일이여, 자신감을 가져라" 같은 슬로건이 있다.

"진실을 말할 용기"라는 슬로건은 얼핏 전혀 해롭지 않게 들리지만, 이 슬로건을 내세운 정당이 정치적 올바름과 '주류' 의견에 맞서 진실을 말한다는 암시를 준다. 오직 그 정당만이 '진짜' 문제와 과제를 지적하고, 다른 정당이나 언론은 진실을 감추거나 모호하게 만든다는 뉘앙스를 풍긴다. 이런 암시는 기존 제도에 대한 분노와 불만을 조장하고, 궁극적으로 극우 정당 지지 세력의 결집을 도울 수 있다.

"독일이여, 자신감을 가져라"는 조국에 대한 자부심과 민족주의적 정체성에 호소한다. 또한 독일이 위기에 처했고, 문제들을 해결하려면 과감하고 단호한 조치가 필요하다는 암시를 더한다. 유권자들에게 "자신감을 가지라"고 호소하며 극우 정당에 투표하도록 독려함으로써 독일이 직면한 문제의 해결책이 극우 정당에 있고,

외부의 위협으로부터 독일을 지켜야 할 때라는 메시지를 발산한다.

포퓰리즘 언어는 종종 명확한 적이나 희생양을 만들어 문제의 근원으로 지목하고 그 책임을 묻는다. 소수자, 반대 정당, 국제기구, 또는 '일반 국민'의 이익을 해친다고 지목된 집단이 쉽게 그 타깃이 된다. 이런 '적' 이미지는 감정을 자극하기 때문에 포퓰리즘의 핵심 도구다. 포퓰리즘 언어는 주로 분노와 두려움, 격분 같은 강렬한 감정적 반응을 불러일으키는 것을 목표로 한다. 이런 감정에 호소함으로써 지지자들 사이에 강력한 유대감을 형성하고 포퓰리즘 아젠다를 옹호하도록 몰아간다.

포퓰리즘 연설자들은 자신을 정치 기득권이나 '엘리트'에 맞서는 아웃사이더, 또는 '국민의 목소리'로 자처한다. 그들은 지배 계급을 부패하고 무책임하며 '일반 국민'의 요구에 부응하지 못한다고 비판한다(반기득권). 그리고 복잡한 문제에 대해 간단하고 직접적인 해결책을 제시한다. 그러나 대개 지나치게 단순하며, 대량 추방 같이 어려움과 결과를 고려하지 않은 채 복잡한 문제를 한 방에 해결할 수 있는 듯한 답을 내놓는다.

귀스타브 르 봉에게서 배웠듯이, 개인이 군중의 일원으로 행동하는 근본적인 이유는 두려움과 불안이다. 사람들은 안정감과 방향성을 얻기 위해 개인의 합리성을 버리고, 공통의 감정과 두려움이 만들어낸 집단 흐름에 굴복하는 경향이 있다. 그것이 얼마나 비이

성적이고, 그 이념이 얼마나 반민주적이고 비인간적이든 상관없다. 오직 두려움을 줄이고 그토록 갈망하던 안정감과 방향성, 통제력을 회복하는 것만이 중요하다. 내 생각에 이것이야말로 우리가 두려워 해야 할 지점이다.

그렇다면 전염성이 강한 이 사회적 바이러스에 감염되지 않으려면 어떻게 해야 할까? 군중의 소용돌이에서 벗어나려면, 그 안으로 끌어들인 두려움과 불안의 근원을 파악해야 한다. 그 근원은 저마다 다를 수 있다. 모두 같은 이유로 극단주의 이념에 끌리는 것은 아니고, 모두 선천적 극단주의자도 아니다. 공통된 이념을 공유한다고 해서 모든 집단이 극단주의자가 되는 것도 아니다.

하지만 개인의 자율성을 되찾으려면 의식적 성찰이 필요하다. 내면을 들여다보고 군중이 부추긴 숨겨진 두려움과 직면해야 한다. 이를 위해 그럴 의지가 선행되어야 하고, 당연히 동기 부여도 필요하다. 군중은 집단 밖에서 얻기 어렵거나 불가능한 것들, 즉 소속감과 상호의존, 그리고 안정 욕구를 충족시켜 주는 사회적 관계를 제공해 줄 수 있기 때문이다.

이 모든 것을 포기하는 건 쉽지 않고, 그러기 위해서는 먼저 자율성 욕구가 커져야 한다. 파시즘 경향에 저항하려면, 집단 조종을 인지하고 자신의 목소리에 다시 귀 기울여야 한다. 이때 개인의 합리성과 비판적 사고가 열쇠 역할을 한다. 자신에게 적극적으로 질문하고 신념을 비판적으로 검토할 때, 비록 때로는 어려운 과정이 될지라도, 사고 통제력을 되찾을 수 있다.

자율성을 되찾으려면, 무리에서 벗어날 용기가 필요하다. 군중으로부터 과감히 한 걸음 물러나야 하고, 고유한 견해로 인한 고독을 감수해야 한다. 쉽지 않은 일이다. 하지만 이것이 개인의 자유로 가는 길이다. 르 봉이 지적했듯 다양한 의견과 관점을 접하는 것도 중요한 역할을 한다. 개방적으로 다양성과 교류함으로로써 편협한 집단적 관점의 한계를 극복할 수 있다. 바로 여기에 관용, 다원주의, 모호성 수용 회복의 징검다리가 놓여 있다.

자신의 고유한 성격에 오롯이 집중하기, 신념을 의심해 보기, 군중과 거리를 두는 용기, 다양성에 대한 개방성, 모호성 수용. 이 모든 요소가 집단 역학에서 벗어나는 열쇠다.

하지만 가족이나 공동체 또는 문화적으로 어떤 집단에 속할 때 우리는 안정감을 얻고 기본 욕구를 충족할 수 있을 뿐 아니라 생각과 가치관도 교류할 수 있다. 집단은 공동체의 이야기를 엮고 문화 유산을 보존하는 안전한 공간이다.

개별성과 집단성은 모두 장단점이 있다. 개별성은 자기만의 고유한 길을 선택하고, 꿈을 좇고, 각자의 방식으로 삶에 이바지할 수 있는 자유를 준다. 하지만 개별성 추구가 자기중심적 고독으로 변할 경우, 고립의 위험도 있다. 반면 집단성은 공동체와 화합을 북돋운다. 집단의 가치관과 규범이 방향을 제시하고 상호작용을 위한 공동의 기반을 제공한다. 하지만 집단 역학의 물결에 휩쓸려 개인의 고유성을 잃을 경우, 맹목적 동조의 위험이 따른다. 이 지점에서 모호성 수용이 양극단을 잇는 다리 역할을 한다. 모호성 수용은 회색 지대의 미묘한 차이를 인식하고 받아들일 수 있게 해주는 매우 섬세한 구조다.

높은 수준의 모호성 수용은 고유한 개별성을 잃지 않으면서 공동체에 통합될 수 있게 해주고, 집단이 엄격한 규범에 얽매이지 않고 개개인의 다양성을 존중할 수 있게 한다.

이런 균형 속에서 개별성과 집단성, 두 개념의 중요성이 더욱 명확해진다. 개별성은 삶을 다채롭게 물들이고, 집단성은 윤곽과 구조를 만든다. 모호성 수용은 고유성의 본질을 해치지 않으면서 개인과 공동체를 연결하는 보이지 않는 연결고리 역할을 한다. 모호성을 균형 있게 수용하는 삶은 자아와 공동체 사이의 정교한 줄타기와 같다. 균형 있는 모호성 수용은 자신의 정체성을 희생하지 않으면서 타인과 소통하고, 개인의 다양성을 말살하지 않으면서 공동체를 강화하는 능력이다.

13

태아의 생명과 임산부의 권리 중 무엇이 우선인가

1과 2와 3 사이

"아이를 가졌어요. 아직 완전 초기에요."

R은 마치 빨리 해치우려는 듯 빠르게 말했다. 축하 인사를 건네고 싶었지만, 그녀는 그럴 틈을 주지 않고 말을 이었다.

"그리고 검진 예약을 했어요. 태아의 목덜미와 그 밖의 온갖 것을 초음파로 검사하는 거요. 아시죠? 아이가 건강한지, 혹여 위험 요소가 있는지. 그러니까 장애나 기형 같은 게 있는지 검사한대요. 나도 정확히는 잘 몰라요. 어쨌든 만약 아이가 장애가 있다면 어떻게 할지 생각해 봤어요…."

잠시 기다렸지만 그녀는 말을 잇지 않았고, 마치 내게 질문한 것처럼 기대에 찬 눈으로 나를 빤히 보았다. 아마도 행간에 질문을 던졌겠지만, 알아채지 못했다.

"어떻게 할지 정했어요?"

침묵을 깨고 물었다.

"네. 낙태죠."

그녀는 단호하게 말하며 허리를 곧추세웠다. 그녀는 이제 꼿꼿하게 앉아 다시 기대에 찬 눈으로 나를 바라보았다. 아니, 어쩌면 기대하는 눈빛이 아닐 것이다. 기대보다는 각오가 된 듯한 눈빛이었다. 내가 화를 낼 거라고 예상했던 것 같다. 아니면 낙태 결정을 비난하거나 반박할 것이라고 예상했던 것 같다. 이미 그런 말을 들었거나 스스로 했을 터이다.

"그렇군요."

짧게 대꾸했다. 솔직히 더 길게 말할 수도 있었다. 이를테면 "분명 힘든 결정이었을 테죠" 같은 식으로. 하지만 그 결정이 '분명' 힘들었을걸 내가 어떻게 알겠는가? 어쩌면 그녀에게는 아주 명확한 일이라 전혀 힘들지 않았을지도 모른다. 하지만 아직 태어나지 않은 아이의 생명이 걸린 문제고, 병이 있을지도 모른다는 이유로 아이를 일찌감치 포기하는 건 누구에게도 쉬운 일이 아니다. 그래도 그건 그녀의 결정이고, 나는 그녀의 그런 결정과 신체 및 생식에 대한 자기 결정권을 존중한다.

"그 결정 때문에 정말 많은 이야기를 들어야 했어요. 어머니는 완전히 흥분해서 어떻게 자기 자식을 죽일 생각을 하냐며 나무라셨죠. 오직 남편만 나를 지지해 주었어요. 장애가 있는 아이를 키우는 게 얼마나 힘든 일인지 남편도 잘 아니까요. 게다가 출산 후 직장에 복귀하지 못하면, 경제적으로 정말 힘들 거예요. 어떻게 될지는 아무도 모르지만, 만에 하나 장애의 위험이 있다면 낙태할 생각이에요. 그런 위험을 감수할 여력이 없어요."

R은 아직 평평한 배를 쓰다듬으며 확신에 찬 단호한 목소리로 말했다. 그 어떤 장면도 그녀의 내적 갈등을 이보다 더 생생하게 보여줄 수는 없을 것이다.

낙태 논쟁은 가정뿐 아니라 사회적으로도 점점 양극화되고 있다. 미국에서는 1960년대 여성 건강 운동 단체들이 연합해 낙태에 찬성하는 '선택권 옹호*Pro-Choice*'라는 시민권 운동을 시작했다. '선택권 옹호' 운동은 건강한 몸과 생식을 위한 여성의 자기 결정권을 옹호한다. 안전하고 합법적인 낙태를 보장하기 위한 낙태 합법화를 지지한다. 특히 원치 않는 임신, 여성의 건강 위험, 태아의 심각한 기형 같은 경우 여성이 스스로 임신을 중지할 권리가 있어야 한다고 주장했다. 마침내 1973년에 낙태가 합법화되면서 잘 조직된 이 국제 운동은 미국에서 전설적인 성공을 거두었다.

동독에는 이미 1972년부터 낙태의 시한 규정이 있었지만, 서독은 미국에서 합법화된 지 3년이 지난 1976년부터 이 대열에 합

류했다. 낙태 또는 임신 중절은 1976년부터 특정 조건 아래에서 합법화되었다. 그전까지 서독에서는 낙태가 엄격히 금지되었다. 금지 조항이 개정된 후, 이른바 '시한 모델'이 시행되어 특정 조건 아래 임신 12주 이내의 낙태가 허용되었다. 사전에 의학적 상담을 받았고, 여성의 건강이 위험하거나 강간 같은 응급 상황이라면 처벌이 면제되었다.

1995년, 의사와 기타 의료 전문가가 낙태 정보를 공개적으로 제공하거나 광고하는 것을 금지하는 낙태 광고법(독일 형법 제219조 a항)이 통과되었다. 이는 여성의 정보 접근권과 의료 서비스 접근권에 대한 논란과 논쟁으로 이어졌다. 이후 낙태법 개혁 시도가 여러 번 있었지만, 사실상 시한 모델이 그대로 유지되었다.

'선택권 옹호'의 반대 쪽에는 '생명권 옹호 *Pro-Life*'가 있다. 생명권 옹호 운동은 수정과 동시에 생명이 시작되므로 낙태는 '무고한 생명을 살해하는 행위'라고 주장한다. '생명권 옹호' 지지자들은 태아의 권리를 주장하고, 도덕·윤리적 근거로 낙태에 반대한다. 생명권 옹호 운동은 낙태를 금지하는 더 엄격한 법 제정과 임산부에게 입양 같은 대안을 제공하는 지원 정책을 요구한다.

독일의 현행 낙태 정책은 시한 모델이다. 임신 12주까지 특정 조건 아래에서 낙태가 허용된다. 낙태를 찬성하는 '선택권 옹호' 진영은 이런 조건을 폐지하라고 주장하고, 낙태를 반대하는 '생명권 옹호' 진영은 낙태 전면 금지를 포함한 더 엄격한 조건을 요구한다.

자, 여성은 언제든지 낙태할 수 있어야 할까? 강간에 의한 임신이라면 언제든지 낙태할 수 있어야 할까? 장애를 갖고 태어날 것이 예상된다면 언제든지 낙태할 수 있어야 할까?

답하기 쉽지 않은 질문이다. 그런데도 이 문제는 특히 소셜 미디어에서 전방위적으로 논의되고 있다. 안타깝지만 '논의'라는 단어는 소셜 미디어의 대화 문화에 딱 맞는 표현은 아니다. 사람들은 소셜 미디어에서 다른 사람과 대화하는 대신 다른 사람에 관해 이야기한다. 또는 반대 의견을 완전히 무시하거나 차단하거나 못 들은 척한다. 제 기능을 하지 못하는 대화 문화에서는 진정한 교류가 이루어질 수 없으니 소통을 지속하는 것보다 차라리 무시하고 차단하는 편이 건강에 더 좋을 때도 있다.

어떤 사람이 소셜 미디어에 장애 가능성을 이유로 낙태하는 것에 반대한다고 썼다. 장애는 아이의 책임이 아닌데 왜 아이가 죽어야 하냐는 것이다. 하지만 강간에 의한 임신이라면 낙태를 해도 된다고 썼다. 그 글을 보며 궁금해졌다. 강간에 의한 임신이면서 동시에 장애 가능성이 매우 크다면, 이 사람은 어떤 판단을 내릴까? 이 사람의 판단 근거가 된 가치관이나 도덕적 원칙 가운데 어떤 것이 더 중시될까? 이처럼 매우 복합적인 상황에서는 지금까지 했던 것처럼 '이럴 땐 찬성, 저럴 땐 반대'라는 식으로 구분할 수 없다. 또한 이 사람은 어째서 강간 피해자에게는 신체적 자기 결정권을 부여하면서, 아이 또는 태아의 장애 가능성에서는 그 권리를 박탈할까? 좀 더 극적으로 표현하면, 이 사람은 아이가 장애를 갖고 태어날지도 모른다는 이유만으로 태아를 죽이는 데는 반대하면서, 어째서 단지 강간 결과라는 이유만으로 태아를 죽이는 데는 찬성할까? 강간에 의한 임신 역시 태아의 책임이 아닌데 말이다. 여기서 의문이 생긴다. 태어나지 않은 아이를 보호하는 것이 임산부의 권리와 욕구보다 우선할까? 어떤 상황에서든 여성은 임신 지속 여부를 스스로 결정할 권리가 있어야 하지 않을까? 한편, 이미 수정된 배아의 생명 역시 어떤 상황에서든, 설령 심각한 질병이나 장애가 있더라도, 보호받을 가치가 있지 않을까?

이 물음에 동의하지 않는다면 인간은 육체와 정신 모두 아무 장애 없이 태어나야 한다는 극우주의적 환상으로 이어질 수밖에 없다. 그런데 이런 환상에는 낙태를 엄격히 금지하고 여성의 신체를 통제하여 생식권을 박탈하려는 시도가 포함된다.

결국 이 문제에 대한 간단한 해결책은 없다. '만약에-그렇다면' 규칙도 만족스러운 답을 주지는 못할 것 같다.

R은 장애인 차별주의자가 아니지만, 특별한 돌봄이 필요한 아이를 키우는 일은 개인적으로나 경제적으로나 엄청난 부담일 거라고 말한다. 그녀와 같은 입장이라면 사람들은 어떤 선택을 하게 될까? 동의부터 거부, 모르겠다는 대답까지 다양한 반응을 보일 것이다. 하지만 장애 자녀를 돌보는 부모의 삶을 잠깐 들여다보면, 그들 역시 이런 상황을 버거워하지만, 그럼에도 아이의 건강 상태와 무

관하게 아이를 살리는 선택을 한다. 그렇다면 '부담'이라는 표현이 과연 낙태 찬성의 타당한 근거일까? 타당한 근거가 있기는 할까? 반면 여성은 어떤 상황에서든, 개인적 동기와 상관없이, 자신의 신체와 생식에 대해 스스로 결정할 권리가 있어야 하지 않을까?

이처럼 양극화되고 민감한 주제의 온라인 댓글은 직설적인 내용으로 가득 차 있지만, 안타깝게도 평가와 재단이 난무할 따름이다. 그래서 중간 지대는 금세 사라지고 흑백 논리만 남는다. 삶과 죽음, 어느 한쪽을 선택해야 한다. "올바른 쪽을 선택했는지는 불을 켜봐야 안다." 하지만 아무도 불을 켜지 않는다. ZDF의 어린이 게임 방송 〈1, 2, 3〉처럼 정답이 즉시 제시되지 않는다.

인생은 정해진 질문과 그에 따른 명확한 정답과 오답이 있는 재미있는 게임쇼가 아니다. 복잡한 갈등을 ○× 퀴즈로 압축할 수는 없다. 진행자 역시 오답인지 정답인지 알 수 없는 우리의 내적 긴장을 해소해 주지 않는다.

한쪽을 선택했다고 해서 다른 한쪽을 거부하고 비인간적이라고 비난할 필요는 없다. 한쪽 편에 섰다고 해서 상대를 증오하고 공감의 끈을 놓을 일도 아니다. 양쪽 사이에 이 모든 것이 공존할 수 있다. 심각한 질병이 있을 것으로 추정되어 낙태를 결정할 때, 그 뒤에 숨겨진 (그냥 무시하고 넘길 수 없는) 내면화된 장애인 차별에 충격을 받을 수 있다. 동시에 힘겨운 상황에서 자신의 신체와 생식에 대한 자기결정권을 행사하는 여성에게 공감하고 이해할 수도 있다.

도덕적 딜레마

양쪽 모두 공존하게 둔다고 해서 내적 긴장이 완전히 해소되는 건 아니다. 이런 상황은 도덕적 딜레마로 가득 차 있기 때문이다. 도덕적 딜레마란 상충하는 두 가지 또는 그 이상의 도덕적 요구에 직면한 상황이다. 어느 쪽도 다른 한쪽을 무력화할 수 없고, 단독으로 '올바른 해결책' 자리를 차지할 수도 없다. 둘 또는 그 이상의 선택지가 모두 심각한 단점을 안고 있어서 차선책을 선택할 수밖에 없는 상황에 놓이게 된다. 그리고 무엇이 차선책이냐는 개인의 상황에 따라 전혀 다를 수 있다.

전형적인 도덕적 딜레마의 특징은 격렬한 갈등이다. 우리는 서로 다른 도덕적 원칙이나 가치 사이에서 내적 갈등을 겪는다. 우선 명료하고 명확한 해결책이 없고, 어느 쪽을 선택하든 도덕적으로 중대한 결과를 초래할 수밖에 없다. 예를 들어 '낙태 찬성' 쪽에 서면, 여성의 완전한 자기결정권을 지지하는 동시에 태아의 생명보다 여성의 자기결정권을 우선시한다는 것을 인정해야 한다.

도덕적 딜레마의 또 다른 특징은 의사결정 압박이다. 우리는 제한된 시간 안에 결정을 내려야 하는 압박을 받는다. 특히 명확한 입장을 정하라고 끊임없이 요구하는 '성명 발표'의 시대이자 소셜 미디어 시대에는 이런 의사결정 압박이 더 거세고, 그렇게 내려진 결정은 그다지 객관적이지 못하다.

도덕적 딜레마는 항상 감정적 스트레스를 동반한다. 그래서 쉽고 빠른 해결책을 갈구하는데, 흑백 논리에서 그것을 발견한다. 나쁜 가해자와 피해자, 불쌍한 태아와 이기적이고 나쁜 엄마라는 식이다. 신체 및 권리에 대한 자기결정권을 침해하려는 국가나 교회 같은 기관에 맞서 자신을 지켜야 하는, 억압받는 여성은 무시된다. 그러나 자본주의, 과도한 성과주의, 완벽주의, 장애인 차별, 장애가 있는 자녀를 둔 부모의 실존적 두려움 같은 사회적 문제가 의사결정 과정에 영향을 미친다는 사실 역시 간과되기 일쑤다.

장애 자녀를 돌보는 부모는 국가의 재정 또는 돌봄 지원을 거의 받지 못하고, 받는다 하더라도 고된 노력과 수많은 행정 절차를 거친 후에야 가능하다. 그리고 대부분의 부모는 이런 행정 절차에 투입할 자원도 에너지도 부족하다. 지원 서비스나 기금에 대한 정보 역시 모든 사람에게 공평하게 제공되지 않는다. 결국 개별 여성들은 사회 비판과 불공정을 폭로하는 대신 자신의 결정에 대한 비난을 받는다. 그렇게 우리는 다시 안전해 보이는 선악의 동화 속에 머물게 된다.

이를 결코 비난할 수 없는데, 우리는 수십 년간 동화와 우화, 옛날이야기, 영화 등을 통해 그렇게 배웠기 때문이다. 사실상 우리는 이런 식으로 생각하도록 프로그래밍되었고, 선과 악의 명확한 구조 속에서 가장 큰 안정감을 느낀다. (이 세상의 거의 모든 상황에서 그렇듯) 아주 강렬하게 마주한 지금의 상황이 가장 복잡하고 견디기 힘들다. 이보다 더 복잡한 상황이 되어선 안 된다. 그러므로 둘 중 하나를 선택해야 하는 이분법적 사고방식은 어떤 대가를 치르더라도 유지해야 하고, 그 사이의 모든 것은 최선을 다해 무시하고 지우고 차단하고 피해야 한다.

도덕적 딜레마를 딜레마로 만드는 것은 이상적인 해결책이 없다는 점이다. 모든 도덕적 요건을 충족하거나 모든 면에서 윤리 원칙을 완벽하게 존중하는 선택지는 없다. 어떤 선택을 하든 희생이나 도덕적 불확실성이 불가피하기에 우리는 딜레마에 빠진다.

그런 상황에서 자신의 도덕 원칙에 맞는 최선의 결과를 가져올 결정을 내려야 해서 도덕적 딜레마가 어려운 것이다. 더 정확히 말하면, 최선의 결과가 아니라 최소한의 피해를 가져올 결정이다. 이런 상황에서는 피해를 완전히 피할 수 없기 때문이다. 그리고 바로 그것이 견딜 수 없는 문제다. 명확한 해결책이 없고 피해가 불가피하다는 사실을 알기에 견딜 수 없다.

도덕성의 단계

아마 대부분 R의 사례를 읽자마자 그녀에 대해 판단하고, 같은 상황에서 자신은 어떻게 행동할지도 상상해 봤을 것이다. 하지만 어떻게 그런 판단을 내리게 되었는지 정확히 아는 사람은 거의 없다.

우리는 도덕적 판단을 내릴 때, 자신이 어떤 기준에서 판단하는지 숙고하지 않은 채 곧바로 어떤 의견에 도달하기 때문이다. 판단 과정을 살피지 않는 까닭은, 그것이 곧 모든 모호성과 그 사이의 모든 것을 고려해야 한다는 뜻이기 때문이다. 여기엔 에너지가 필요한데, 우리의 인지 체계는 이 에너지의 자발적 투입을 꺼린다. 따라서 이런 상황에서는 자동 사고 과정을 멈추고 자신을 성찰함으로써 의식적으로 인지 체계를 도와야 한다.

그렇다면 우리는 어떻게 낙태를 비롯한 시사 문제에 대해 개인적인 판단이나 의견에 도달하여 확고한 입장으로 목소리를 내는 걸까? 우리는 아주 능숙하게 자신의 의견을 표현하고 강력하게 옹호한다. 하지만 그 뒤에 어떤 가치와 도덕이 담겨 있는지 알고 있을까? 다른 사람들이 완전히 다른 관점을 주장하는데도, 어째서 그런 가치와 도덕을 옹호하기로 선택했는지 알고 있을까? 우리는 어떤 과정을 거쳐 이런 판단을 내리는 걸까?

심리학자 로렌스 콜버그*Lawrence Kohlberg*는 발달심리학자 장 피아제*Jean Piaget*의 인지발달 이론에 영향을 받아 도덕성 발달 이론을 제시했다. 콜버그의 도덕성 발달 모델은 세 가지 주요 수준으로 나뉘고, 각 수준은 두 단계로 총 여섯 단계로 구성된다.

제1수준 '인습 이전 수준'은 1단계와 2단계로 구성된다. 1단계인 처벌-복종의 단계에서는 처벌의 두려움과 권위적 지시에 복종하려는 욕구 때문에 도덕적으로 행동한다. 예를 들어 아이는 벌을 받지 않으려고 착하게 군다. 혼나지 않으려고 복종한다.

2단계는 개인적 이익을 추구하는 단계로, 개인의 이익과 욕구 때문에 도덕적으로 행동한다. 예를 들어 10대 청소년은 또래 집단에서 인기를 얻거나 인정을 받는 등 개인적 이익을 기대하며 선행을 실천한다.

제2수준 '인습 수준'은 3단계와 4단계로 구성된다. 3단계인 대인 관계 및 동조 단계에서는 사회적 기대와 대인 관계 때문에 도덕적 행동을 선택한다. 타인에게 수용되고 호감을 얻기 위해 사회적 규범을 따르기로 선택한다. 예를 들어 부정직하다는 낙인을 피하려고 정직하게 행동한다. 다시 말해, 사회적 기대와 타인과의 관계 유지가 도덕적 행동의 동기다.

법과 질서를 추구하는 4단계에서는 법 준수와 사회질서 유지를 통해 도덕성이 결정된다. 예를 들어 시민들은 개인적으로 의견이 다르더라도 사회질서 유지를 위해 법과 규범을 준수한다. 특정 도로의 주차 금지가 사실상 불필요하고 이해할 수도 없지만, 우리는 사회질서를 유지하고 관련 법률을 존중하기 위해 그곳에 차를 대지 않는다.

제3수준 '인습 이후 수준' 또는 '자율 수준'은 5단계와 6단계로 구성된다. 사회 계약을 충실히 따르는 5단계에서는 민주주의 원칙과 사회규범 수용을 통해 도덕성이 결정된다. 예를 들어 현행법이 부당하다고 생각하는 시민운동가는 법적 시위나 청원 등으로 사회 정의와 법적 변화를 이끌어내기 위해 힘쓴다.

원칙을 지향하는 6단계에서는 사회규범과 무관하게 보편적 윤리 원칙과 자신의 도덕적 신념에 따라 행동한다. 예를 들어 어떤 정치 활동가들은 더 높은 윤리 원칙과 상충한다는 이유로 부당한 법에 반대한다. 따라서 이들은 (이전 도덕성 단계처럼) 단순히 개인적인 이익이나 사회적 압력 때문이 아니라 윤리적 가치와 보편적 정의를 위해 헌신한다. 이들은 5단계와 달리 기존 법률도 어긴다. 예를 들어 해상 구조대원들은 보트에 탄 난민처럼 위험에 처한 사람을 도우려고 법이나 정치적 결정에 저항하기도 한다. 이런 행동은 보편적 인권 원칙에 대한 깊은 도덕적 헌신과 모든 인간의 생명이 중요하다는 신념에서 나온다. 해상 구조대원들은 이민법을 위반해 법적 책임을 지는 경우가 많다. 그런데도 그들은 생명권과 인도주의적 가치 같은 더 높은 윤리 원칙을 우선하기 때문에 의식적으로 법률 위반을 선택한다. 국적이나 법적 지위와 관계없이 모든 해상 조난자를 구조하는 선택은 정의와 인간성이라는 보편적 개념이 반영된 것이다.

콜버그는 모든 사람이 도덕성 발달의 모든 단계에 도달하는 것은 아니고, 그 과정이 반드시 고정된 순서로 진행되는 것도 아니라고 믿었다. 그는 소수만 5단계에 도달하고, 6단계에 도달하는 사람은 5퍼센트에 불과하다고 주장했다. 그의 이론은 도덕성 발달의 점진성과 인간의 윤리적 성숙 능력을 강조했다. 그러나 콜버그 모델은 서구 문화 중심성과 여러 저서에서 이와 관련하여 모순된 주장을 펼쳤다는 점 등을 이유로 비판받았다.

도덕적 판단 형성

청소년에게 도덕적 판단력을 가르칠 때 활용할 수 있는 '판단 과정'이라는 교육학 개념이 있다. 청소년뿐 아니라 성인에게도 매우 유용한 개념인데, 이 과정은 청소년기에 일회성으로 끝내는 과제가 아니라 평생 계속해서 의식적으로 반복할 필요가 있기 때문이다.

판단 과정은 딜레마를 정의하는 것으로 시작된다. 무엇에 관한 딜레마인가? 문제 상황은 정확히 무엇인가? 그다음 2단계는 행동 선택지를 모두 열거하는 것이다. 선호하지 않는 행동이라도 빼놓지 말고 가능한 행동 모두를 열거해야 한다. 3단계에서는 본인이 어떤 행동을 선호하는지와 상관없이 각각의 모든 행동에 찬성 또는 반대하는 이유를 나열한다. 4단계에서는 이 딜레마가 어떤 윤리적 가치에 영향을 미치는지 살핀다. 나열한 이유 뒤에는 어떤 가치관이 있을까? 5단계에서는 판단을 내리고 그 근거를 제시해야 한다. 왜 이런 행동방식을 선택했는가? 장단점은 무엇이고 어떤 가치를 바탕으로 판단했는가? 어떤 가치를 우선시했고 그 이유는 무엇인가? 마지막 6단계에서는 선택의 결과도 제시해야 하며 이런 결과가 어째서 다른 선택의 결과보다 더 견딜 만한지 성찰할 필요가 있다.

- 1단계: 딜레마 정의

  임신한 여성은 태아에게 심각한 장애가 있을지 모른다는 이유만으로 낙태 여부를 결정해야 하는 어려운 상황에 직면한다. 이 결정은 윤리적·정서적·의학적 문제를 제기하고, 잠재적으로 이 여성의 삶에 광범위한 영향을 미칠 수 있다.

- 2단계: 행동 선택지 열거

  임산부는 아이가 겪을 어려움이나 고통을 없애기 위해 낙태를 선택할 수 있다. 아니면 장애로 인한 어려움에 맞서 아이를 키울 준비를 할 수도 있다.

- 3단계: 각 행동에 찬성 또는 반대하는 이유 나열하기

  낙태에 찬성하는 사람은 중증 장애가 있는 아이가 (산전 검사 결과와 진단에 따라) 고통과 한계로 가득한 삶을 살아갈 가능성을 강조할 수 있다. 임산부의 개인적인 상황에 따라 또 다른 개별적 이유를 댈 수도 있다. 낙태에 반대하는 사람은 모든 생명이 소중하고 장애인이 만족스러운 삶을 누릴 수 있게 지원하는 다양한 정책이 있다고 주장할 수 있다.

- 4단계: 관련된 윤리적 가치 살피기

  낙태 문제와 관련된 윤리적 가치에는 태아의 생명권, 임산부의 신

체에 대한 자기결정권, 불필요한 고통을 피해야 한다는 당위성이 포함될 수 있다.

- 5단계: 판단을 내리고 근거 제시하기
모든 선택지를 신중하게 고려하고 윤리적 가치를 살핀 후 직접 결정한다. 신체에 대한 자기 결정권을 존중하고, 자신의 가치관과 욕구에 따라 결정한다.

- 6단계: 선택의 결과 성찰하기
선택의 결과가 매우 심각할 수 있고, 임산부 자신의 삶뿐 아니라 태아의 삶에도 영향을 미칠 수 있다. 이 선택은 여성의 미래에 영향을 미치고 어려움을 안겨줄 수 있지만, 성장과 발전의 기회를 제공할 수도 있다. 어떤 선택을 하든 지지와 연대를 얻는 것이 중요하다.

중대한 도덕적 결정을 내릴 때 이런 판단 과정을 성찰적 자세로 솔직하게 거치려 노력한다면, 우리는 특정 결정을 내린 이유뿐 아니라 어떤 결과를 기꺼이 받아들이고 받아들이지 않을지도 알게 된다. 이런 판단 과정은 우리 자신의 도덕성, 도덕성 발달, 현재의 도덕성 단계에 관해 많은 것을 알려준다.

도덕성에서 문제는 모두 자신의 도덕성이 최고 수준이라고 믿지만, 도덕 원칙의 해석과 적용이 사람마다 매우 다양할 수 있다는 점이다. 어떤 사람에게 윤리적으로 용인되는 것이 다른 사람에게는 의문스러울 수 있다. 이런 다양성과 도덕적 판단의 주관성은 종종 갈등과 오해를 불러일으키며 서로 다른 관점에서 행동과 선택을 평가하게 한다. 다양한 신념과 가치관 속에서는 모호성을 수용할 줄 알아야 존중의 대화를 나눌 수 있고 다양한 도덕적 관점을 이해할 수 있다.

하지만 모호성 수용은 자기 성찰을 위한 여러 도구 중 하나일 뿐이다. 그러므로 이 책은 명확한 해결책을 제시하는 안내서가 아니다. 복합적인 문제에 단 하나의 해결책이 있을 수 없기 때문이다. 이 책은 복합성을 용인하는 자세로 세상을 헤쳐 나가라는 사회적 호소다.

모호성 수용이 모든 사회적 갈등을 해결할 수는 없고 그럴 의도도 없다. 그러나 현재 수많은 주제와 관련하여 점점 심해지는 사회적 양극화와 분열을 막을 수는 있지 않을까?

14

보는 각도에 따라
그림은 달라진다

진실과 진실 사이

우리는 진실 또는 진리에서 통일성·명확성·투명성을 기대한다. 진실은 언제나 명확하기 때문에 우리는 진실을 알아볼 수 있다. 진실은 위장할 필요 없다. 진실은 속이지 않는다. 진실은 순수하다. 우리는 적어도 그렇게 믿는다.

진실에 관한 이론들을 자세히 살펴보면 다양한 개념 정의와 측면이 복잡하게 얽혀 있다. 진실이라는 주제는 수 세기 동안 학자와 사상가들을 사로잡았다. 지식을 연구하는 철학의 한 분야인 인식론에는 진실에 관한 다양한 접근 방식이 있다. 예를 들어 대응 이론은 실제 상황과 일치하는 진술을 진실로 정의한다. "해가 빛나고 있다"는 해가 실제로 빛나고 있을 때 진실이다. 실용주의자들은 확신의 실질적 결과를 통해 진실 여부가 결정된다고 주장한다. "얼음이 차갑다"는 얼음으로 음료를 차갑게 해서 갈증을 해소할 수 있을 때 진실이다.

철학적 논의에서 진실 여부를 결정하는 데 중요한 역할을 하는 또 다른 기준은 동의·통일성·일관성이다. 집단이나 사회의 합의로 진실이 만들어진다. 어떤 집단에서 "피자가 맛있다"라는 진술이 나왔다면, 그 집단의 모든 구성원이 동의할 때 진실이 된다. 진술의 통일성은 어떤 진술이 이미 진실로 인정된 다른 진술과 일치하느냐에 따라 결정된다. 예를 들어 누군가 겨울이 없는 나라에 산다고 주장할 경우, 그 나라에 관해 알려진 다른 사실과 일치하면 통일성이 있다고 할 수 있다. 어떤 진술이 그 사람의 이전 진술이나 신념과 일관되면, 그것은 진실로 정의된다. 어떤 사람이 열정적인 환경 운동가라며 환경보호를 위해 적극적으로 노력한다고 가정해 보자. 그런데 그 사람이 다량의 플라스틱 폐기물을 자주 배출하고 분리수거를 하지 않는다면 그의 이전 주장과 모순되고, 그의 주장은 진실성을 의심받는다. 진실성을 인정받으려면 그는 자신의 신념과 행동을 일치시켜 환경보호를 위해 일관되게 행동해야 한다.

철학에서는 절대 진리와 상대 진리의 존재 여부를 두고 논쟁한다. 한쪽은 인간의 의식이나 견해와 무관한 객관적 진리가 존재한다고 주장하고, 다른 한쪽은 진리가 상대적이며 문화의 영향을 받는다고 본다. 이런 맥락에서 구성주의와 상대주의 같은 학파가 생겨났다.

역사는 진실 추구가 큰 영향을 미친 사례로 가득하다. 태양이 지구 주위를 돈다는 기존의 통념을 반박하고 지구가 태양 주위를 돈다고 주장한 갈릴레이는 독단적 진리와 과학의 갈등을 상징한다. 중세의 마녀사냥은 비합리적 가정에 기초하는 사회적 규범과 집단 신념이 어떻게 '진실'로 통용될 수 있는지를 보여준다. 반면 가짜 뉴스와 허위 정보가 만연한 현대 사회에서는 전 세계적으로 진실성에 의문이 제기된다. 따라서 우리의 과제는 객관적 사실과 주관적 의견을 구분하고, 쏟아지는 정보들의 진실성을 빠르게 평가하는 것이다.

법적 관점에서는 입증 가능한 사실만 진실이다. 그 외의 모든 것은 추측에 불과하거나 무관한 일로 치부된다. 법은 진실 공방에서 입증 가능한 사실에 초점을 맞추고 추측이나 주관적 해석은 피한다. 법정에서는 주장과 증거가 신중히 검토되고, 제시된 사실을 바탕으로 판결이 내려진다.

"처음에는 아내가 문제라고 생각했어요. 내가 아니라 아내가 문제라는 걸 보여주려고 상담에 온 거죠. 그런데 이제 문제가 뭔지 알겠어요. 내 직업이 문제예요. 나한테 병이 있다면, 그건 직업병뿐입니다."

K는 자신의 언어유희를 뿌듯해하며 미소 지었다. 좀 과하게 자랑스러워했던 것 같기도 하다.

"훌륭한 변호사로서 아내에게 그 사실을 제대로 증명하고 싶으셨겠죠. 이해합니다."

그의 언어유희가 마뜩잖았으나, 티를 내지 않으려 애쓰며 말했다.

"아내와의 최근 대화는 어땠나요?"

"좋아졌어요. 예전보다 훨씬 나아졌습니다. 더 솔직해졌어요. 남편으로서 대화했어요. 변호사가 아니라요. 적어도 그러려고 많이 노력했습니다. 아내도 그걸 느꼈는지, 아주 좋아했습니다."

K는 이미 밝혔듯이 변호사다. 꽤 성공한 변호사로 명성을 누리고 있다. 그는 자기 직업에 심취한 나머지 퇴근 후에도 변호사 역할을 '끄지 못했다'. 아주 사소한 일로 아내와 다툴 때도, 그는 "논쟁에서 이기기 위해"(그는 입버릇처럼 이 말을 달고 살았다) 즉시 적절한 주장을 찾아 자신을 변론했다. 언젠가 그는 이렇게 말했었다.

"몇 초 이내에 아내의 예상 답변을 생각해 내고, 아내가 내놓을 모든 잠재적 주장에 대해 적어도 두 개 이상의 훌륭한 반론을 즉시 마련합니다. 아무도 나의 순발력과 재치를 이기지 못하죠. 한 번도 져본 적이 없어요. 모든 다툼에서. 항상!"

"이긴다는 게 뭘까요?"

내가 물었다.

"아내는 온갖 억지스러운 비난을 퍼붓기 시작해요. 내가 항상 이런저런 걸 하거나 하지 않는다면서요. 하지만 아내의 주장은 모두 사실이 아니에요. 전부 다 해석하기 나름인 문제고, 나는 그 점을 분명히 말합니다."

"아내 분이 결국 당신의 의견에 동의하고 그렇게 갈등이 해결되니까 당신이 '이긴' 건가요?"

"아니요. 아내는 내 의견에 동의하지 않아요. 그러기에는 자존심이 너무 세요. 내 주장이 더 타당한데 절대 굽히지 않아요. 아내는 그냥 화를 내며 나가버리고, 각자 진정할 때까지 우리는 며칠 동안 최소한의 말만 하죠."

그가 담담하게 설명했다. 이번에는 그렇게 거만하지 않았다.

"그럼 어느 부분에서 이긴 거죠?"

정말로 궁금해서 한 질문이었다. 양쪽 다 손해만 본 것 같았기 때문이다. 이겼다는 K의 말은 정확히 무슨 뜻일까? 아내가 어느 순간 말을 멈추고 나가버렸기 때문에 이겼다는 걸까? 아마도 아내가 그냥 나가버린 건 할 말이 없어서가 아니라 더 말을 섞어봐야 소용없다는 걸 깨달았기 때문에, 그들이 계속 같은 자리를 맴돌고 있기 때문에, 남편이 관계 유지보다 이기는 걸 더 중시했기 때문일 것이다.

"아내가 상대 변호사라고 생각해 보세요. 법정에서 이렇게 다툰다면, 언제나 내가 이길 겁니다. 당연하죠."

K는 흡족한 얼굴로 말했다.

그는 법정에 선 변호사로서 설득의 달인이었고, 법정이라는 무대에서는 확실히 재능 있는 배우였다. 그러나 무대 뒤에서는 직업병이 점점 심해졌고, 직장 생활과 사생활의 경계가 모호해진 괴상한 현실을 맞았다. 변호사라는 역할이 법정 밖의 정체성까지 잠식하기 시작했다. 그가 법정에서 주장했던 진실은 변론의 도구에 그치지 않고 일상생활의 무기도 되었다. 그래서 그는 자신의 주장을 절대적 진실로 확신하기에 이르렀고, 이는 아내와의 관계를 근본적으로 바꿔버리기 시작했다. 하룻밤 사이에 일어난 일이 아니라 점진적인 변화였다. 무엇이 객관적 진실이냐는 더 이상 중요하지 않고, 법적으로 누가 옳고 상상 속 판사가 누구의 손을 들어주냐가 중요해졌다. 그는 법이 절대적 진실이라고 주장함으로써 자신의 신념을 옹호하는 변호사로 변신했다.

그의 아내에게는 기회가 없었다. 그들의 관계에도 기회가 없었다. 나란히 공존할 수 있고 타협으로 이어질 수도 있었던 두 사람의 진실에도 기회가 없었다. 그에게는 객관적 진실이 아니라 논쟁의 주도권이 더 중요했기 때문이다. 그는 아내의 주장을 즉시 반박할 수 있도록 아내의 잠재적 반론을 예상해 두었다.

법이 정의하는 진실 개념은 우리가 일상에서 경험하는 복합적인 뉘앙스와 대조된다. 개인적인 대인관계에서 진실은 종종 애매하며, 개인의 신념과 감정에 따라 바뀔 수 있다. 법정에서 '진실로 입증'되었다고 해서 그것이 언제나 한 상황의 모든 진실을 포괄하는 것은 아니다. 따라서 우리의 과제는 진실의 다양한 측면을 인식하고 인정하는 것이다. 대인관계에서는 객관적 사실뿐 아니라 주관적 경험을 인정하고 타당성을 검증하는 것이 중요하다. 바로 이것이 K의 아내가 그들의 관계에서 절실히 바랐던 바다.

심리학 관점에서 보면 진실 인식은 인간의 사고와 행동에 중요한 역할을 한다. 인지 왜곡과 편견, 사회적 영향은 현실 인식에 영향을 미칠 수 있다. 지금까지 이 책에서 살펴본 바와 같이 인간은 자신의 기존 신념과 편견을 확증하는 방식으로 정보를 처리하는 경향이 있고, 이는 결국 자기만의 진실을 강화한다. 설령 더 높은 진실이 존재하더라도 이를 강화하지 않는다. 이것이 왜곡된 인식과 결정으로 이어질 수 있다는 점을 우리는 이미 알고 있다. 자기 인식과 결정에서도 마찬가지다. 물론 자기 자신에게 솔직하다는 전제에서 그렇다는 말이다.

그렇다면 도대체 무엇이 진실일까? 우리가 안다고 믿는 것이 진실일까? 존재하는 것? 우리가 경험하는 것? 우리가 기억할 수 있는 것이 진실일까?

이 부분에서도 나는 실망을 안겨줄 수밖에 없다.

실제로 일어나지 않은 사건을 마치 경험한 것처럼 기억하는 심리학적 현상이 있다. '거짓 기억 효과' 또는 '오기억 효과'라고 하는

데, 이는 인간의 지각과 기억의 취약성을 보여주며 기억이 얼마나 믿을 게 못 되고 외부 영향에 얼마나 약한지를 드러낸다.

한 심리학 실험에서 참가자들에게 조작된 정보를 제공했다. 주제와 밀접한 관련이 있는 단어 목록을 제시하되 꼭 있어야 하는 핵심 단어를 의도적으로 누락시켰다. 참가자들은 제시된 단어의 영향을 받아서 이전에 본 적도 없는 핵심 단어를 마치 본 것처럼 잘못 기억하는 경향을 보였다.

거짓 기억 효과는 잘못된 정보를 반복해서 제공받거나 암시적 유도 질문에 영향을 받을 때 특히 두드러진다. 전형적인 사례가 형사 사건 목격자들의 진술이다. 경찰이나 변호사의 집중 심문 후 목격자들의 기억이 왜곡되어 실제로 일어나지 않은 일을 기억해 내는 경우가 있다.

우리의 기억은 단순한 수동적 저장 장치가 아니다. 다양한 요인의 영향을 받아 기억이 왜곡될 수 있다. 심지어 학대 증거나 단서가 전혀 없는 상황인데도 어렸을 때 아동 학대가 있었다고 확신하는 내담자도 있다. 이는 외부 영향으로 얼마나 쉽게 우리의 기억이 바뀔 수 있는지 보여준다.

이 그림은 이중상 착시 그림이다. 즉 보는 각도에 따라 두 가지 다른 그림이 보인다. 미국 화가 찰스 앨런 길버트*Charles Allan Gilbert* 의 작품으로 제목은 〈모든 것이 헛되다*All is vanity*〉이다. 보는 각도에

찰스 앨런 길버트,
〈모든 것이 헛되다〉,
1892

따라, 어떻게 보느냐에 따라 거울 앞에 앉은 여인이 보이기도 하고 해골이 보이기도 한다.

보는 사람에 따라 달라진다. 어떤 사람은 묘사된 대상 중 하나만 볼 수 있고, 어떤 사람은 둘 다 볼 수 있으며, 심지어 어떤 사람은 무엇을 묘사했는지 전혀 파악하지 못할 수도 있다. 이때 무슨 그림이냐고 질문한다면, 누구의 대답이 진실일까? 각자 자기가 본 그림이 진실이라고 고집할 테고, 아마도 무엇이 진실이냐를 두고 갈등할 것이다.

카프카는 1911년 일기에 흥미로운 이중상 착시 그림에 대해 이렇게 썼다.

이중상 착시 그림에 숨겨진 상은 명확히 보이면서 동시에 보이지 말아야 한다. 찾으라는 의뢰를 받아 찾아내야 하는 사람에게는 명확히 보여야 하고, 찾을 것이 있는지조차 모르는 사람에게는 보이지 않아야 한다.

이중상 착시 그림이 명확하게 보여주는 것이 있다. 바로 인식은 상대적이라는 사실이다. 누군가에게 당연한 진실처럼 보이는 것이 다른 사람에게는 다르게 또는 속임수처럼 보일 수 있다. 우리가 흔히 진실이라고 정의하는 그것은 개개인의 관점과 해석에 따라 달라질 수 있다. 우리는 착시이거나 속임수라는 걸 알더라도 여전히 쉽게 속을 수 있다. 우리의 인식이 늘 옳은 것은 아니기 때문에 객관적 현실과 주관적 해석을 구별하려 노력해야 한다. 하물며 자신의 인식만 믿고 다른 사람의 인식을 부정한다면 어떻게 이 둘을 구별할 수 있겠는가.

서로 다른 현실을 두고 진실을 다투는 대신, 예를 들어 이중상 착시 그림이 멋지게 보여주듯이, 인식의 창의적 측면을 인정한다면 우리는 하나의 그림을 다양하게 해석할 수 있는 능력도 인정할 수 있게 된다.

우리는 인식이 얼마나 창의적이고 다양할 수 있는지 감탄하며 여러 진실이 공존할 수 있다는 데 동의할 수 있다. 실제로 여러 진실이 존재해야 한다. 진실은 원래 애매해서 해석의 여지가 많다. 바로 이런 점이 진실의 강점이다. 단순한 범주 안에 갇힐 필요 없이, 그 사이의 모든 것을 자유롭게 탐구하고 자기만의 고유한 진실을 찾을 수 있기 때문이다.

요약하자면, 진실은 객관적 현실뿐 아니라 주관적 인식, 사회 구조, 인지 과정을 아우르는 복합적인 개념이다. 그래서 다양한 관점과 해석이 가득한 세상에서 진실을 찾는 일은 영원한 도전 과제다.

식민지화를 예로 들어보자. 과거 식민지를 개척했던 국가는 종종 식민의 역사를 미화할 때가 있을 것이다. 그러나 식민지였던 나라의 후손들은 트라우마를 겪고, 일부는 착취당한 역사의 영향으로 여전히 고통받고 있을 것이다. 이렇게 서로 다른 이런 진실이 대인 관계, 정치적 결정, 역사 해석 및 교육 방식에 영향을 미친다. 여기서 우리는 진실이 종종 개인적·문화적으로 달리 해석되어 오해와 갈등을 낳을 수 있음을 알 수 있다.

그렇다면 진실이란 원래 그저 해석에 불과한 것일까? 이는 진실의 주관성을 강조하는 접근법이다. 우리의 인식과 해석은 개인적 경험과 신념, 문화적 배경에 큰 영향을 받기 때문에, 이는 결코 허무맹랑한 주장이 아니다. 역사에 대한 다양한 문화적 해석만 봐도 그렇다. 승리한 강대국들은 종종 자신들의 관점을 강조하고, 자국의 이익에 따라 역사를 재구성하여 진실을 왜곡한다. 강대국의 진실에 따르면 콜럼버스는 아메리카를 '발견'했다. 이 '발견'을 찬양하는 책이 수없이 나왔고, 수많은 노래가 이 '발견'을 찬양했다. 그러나 아메리카 원주민들은 콜럼버스의 이른바 '발견'에 전혀 다른 관점을 가지고 있다. 그들에게 유럽 탐험가들의 도착은 땅과 자원, 문화, 생명을 잃는 재앙이었다.

대다수 원주민은 유럽인의 도착을 '발견'이 아닌 '침략'이나 '정복'으로 여긴다. 그들은 유럽인이 오기 훨씬 전부터 아메리카 대륙에 살았고, 다채로운 문화를 발전시켰다. 그런데 유럽인이 가져온 질병과 폭력, 착취에 원주민들의 문화와 생활은 파괴당하고 인구도 급격히 감소했다.

더하여, 유럽인이 '아메리카를 발견'한 것이 아니라 복잡한 사회·정치 구조를 갖춘 원주민 문명을 만난 것이라고 강조한다. 원주민만의 고유한 토지 소유 개념, 자원 활용 방식, 공동체 구조가 있었지만, 유럽인의 생각과 충돌하며 사라지고 말았다.

많은 원주민 공동체가 콜럼버스의 아메리카 '발견'을 역사에 깊이 남은 상처, 억압, 착취, 식민지화로 여긴다. 그들은 자신들의 관점에서 역사를 해석하고, 원주민의 목소리와 경험을 인정하고 존중해야 한다고 주장한다.

이런 해석의 다양성은 다양한 진실을 낳는다. 진실은 어떤 문화 또는 역사 관점에서 보느냐에 따라 달라진다. 그리고 어떤 진실을 믿느냐, 즉 어떤 다수가 어떤 진실을 믿느냐에 따라 달라진다. 물론 어떤 사회가 우위를 점하고, 더 강력하며, 진실을 어떻게 규정하느냐에 따라서도 달라진다. 말하자면 궁극적으로 역사 교과서에 기록되고 학교에서 가르치는 내용이 진실이 된다.

그렇다면 진실은 순전히 믿음의 문제일까? 이런 접근법을 반박하는 것이 바로 과학적 방법이다.

아마도 과학적 방법이 객관적 진실에 가장 가까이 다가갈 것이다. 과학은 개인적 해석과 별개로 객관적 현실을 탐구하기 때문이다. 또한 재현 가능한 통제 실험을 통해 객관적 사실을 도출하기 때문이다. 과학적 방법은 개인의 관점과 별개인 진실이 존재한다는 점을 강조한다. 그러나 수많은 변수가 실험에 영향을 미치기 때문에 교란 요인을 최소화하기 위해 실험 조건을 점점 더 엄격하게 통제할 수밖에 없다. 결국 이는 '실험실 조건'을 만들어내고, 결과적으로 실험은 실제 현실을 온전히 반영하지는 못한다. 0에서 1 사이의 어떤 값이든 해석의 여지와 가능성이 남아 있다.

이것이야말로 근본적으로 멋진 일이 아닐까? 모호성을 위한 공간이 남아 있기 때문이다. 모호성에 마음을 열고 그 가치를 알고 함께 살아갈 때, 우리는 다양한 진실을 발견할 수 있다. 한때의 진실에 의문을 제기하고 반박하며 새로운 진실로 대체할 수 있다. 모호성을 위한 공간이 없었다면, 수많은 발명품이 탄생하지 못했을 것이다. 공학자나 디자이너들은 모호성을 새로운 제품과 기술 개발의 영감을 얻는 원천으로 삼는다. 예를 들어 '인간과 모바일 기기는 어떻게 상호작용할까' 같은 모호한 질문이 터치스크린과 음성 인식 기술 같은 혁신으로 이어져 우리가 기술을 다루는 방식을 바꿔놓았다. 모호성은 창의성의 원동력이 되고, 우리는 이를 통해 고정관념에서 벗어나 기존의 한계를 뛰어넘는 새로운 해결책을 찾는다.

의문이 들지 않는데, 어떻게 더 발전할 수 있겠는가? 질문이 없는데, 어떻게 답이 나올 수 있겠는가? 답이 항상 명확할 필요는 없다. 어차피 복합적인 질문과 내적 의문에 명확한 답을 얻기란 불가능하기 때문이다. 만약 항상 명확한 답이 있었다면 애초에 질문 자체가 생기지 않았을 것이다.

진실이란 무엇인가? 나는 모른다. 그리고 이 책에서 줄곧 전하고자 했던 내용이 바로 그것이다. 내가 모른다는 사실. 나는 해결책을 모른다. 어쩌면 해결책 자체가 없을지도 모른다. 그렇다, 없을 확률이 매우 높다. 아마도 구원은 영원히 오지 않을 테고, 우리에게 면죄부를 줄 유일한 진실은 존재하지 않는다.

어쩌면 진실이란 애초에 없었고, 존재한 적도 없으며, 앞으로도 존재하지 않을 가능성이 더 크다. 진실은 아마 거짓말쟁이가 만들어낸 것이리라. 하지만 이런 견해 역시 진실과 거짓이라는 경직된 두 범주로 나누는 또 다른 이분법이 아닐까?

모르겠다. 하지만 내 *생각에* 진실은 결정이다. 그렇다, 당신의 결정도 마찬가지다. 적어도 당신이 진실이라고 결정한 것은 진실이다.

당신은 하루에도 수없이 의식적이든 무의식적이든 진실을 결정한다. 지금 이 순간에도 이 책을 읽으면서 무엇을 얻을지 결정하고 있다. 어떤 정보를 믿을지, 어떤 정보를 거부할지, 어떤 정보에 분노할지, 어떤 정보에 기뻐할지 결정하고 있다.

그러므로 단순화, 범주화, 고정관념 같은 방어벽에 의존하지 않고 자기 자신에게 질문하는 법을 배우는 것이 매우 중요하다. 자신의 기존 관점, 의견, 가치관을 성찰하고 호기심을 가지고 캐물을 수 있어야 한다. 단순히 생각만이 아니라 우리가 '자아'라고 하는 것과 관련된 모든 것을 성찰하고 질문해야 한다. 정체성, 경험, 특징, 생각, 감정, 행동, 신념, 결정, 가치관, 사회규범, 친구, 가족, 사회화 과정, 사회경제적 지위, 거주지, 직업, 질병과 건강, 신체, 선천적·후천적 지능 등등 모두.

당신의 '자아'를 신이 준 자연의 질서로 보지 말고, '자아'와 관련된 모든 것에 의문을 품어라. 자신의 존재를 바꿀 수 없는 절대 규범으로 여기지 말고 의심하라. 새로운 관점을 얻기 위해 적극적으로 변화하는 법을 배워라. 기준을 새롭게 바꿔라. 자신과 협상하고 그 과정에서 새롭게 자신을 발견하라. 아직 자신에 대해 아무것도 모른다는 사실을 인정하고, 호기심과 열린 마음으로 알아가라. 열린 마음으로 질문하고, 기꺼이 질문하는 자세를 배워라.

내가 하려는 말은 이렇다. 당신이 "나는 모른다" 단계에 이르렀더라도 진실의 가능성을 열어둘 수 있다면, 무지를 인정하는 이런 용감한 자세를 통해 진실에 가장 가까이 다가갈 수 있다!

삶의
중간 지대로의 초대

한때 폭력적이었던 아버지가 두 번째 기회를 얻을 자격이 있을까? 환자들에게 공감하며 도움을 주는 심리치료사가 어떻게 동시에 자기 아이를 학대할 수 있을까? 폭력 예방 교육 강사로 일하는 사회복지사가 어떻게 훌리건으로서 패싸움에 가담할 수 있을까? 극단주의 이념을 가진 사람들이 공론장에서 목소리를 내도록 허용해도 될까? 전쟁에서 어느 쪽이 옳고, 누가 그걸 결정할까? 우리 사회는 소아성애를 어떻게 다뤄야 할까? 어떻게 해야 아동을 보호할 수 있을까? 어떻게 해야 정신질환에 대한 낙인을 없앨 수 있을까?

고백하자면 이 책의 여러 주제에서 복잡한 모호성 속에서 계속

길을 잃고 헤맸던 탓에, 이런 복잡한 상황을 해결할 명확한 구조나 안내라도 있어야 할 것 같은 절박한 마음이 들었다. 동시에 루미가 초대했던 중간 지대로 가는 열쇠가 바로 이 성급하기 짝이 없는 명확성에 대한 욕구를 버리는 데 있음을 깨달았다. 즉각적인 해결책은 없다. 그걸 알고 견뎌야 한다. 아직 답을 찾지 못했고 어쩌면 영영 찾지 못할 수도 있다. 이런 사실을 알고 견뎌야 한다. 사물을 바라보는 관점은 다양하고, 그 관점은 전부 옳고 논리적이다. 이걸 알고 견뎌야 한다. 그리고 논리가 곧 진리는 아니라는 사실도 알아야 한다. 하나의 관점, 하나의 의견, 하나의 태도, 하나의 이념은 그저 여러 가지 중 하나일 뿐이다. 우리는 하나의 관점을 진리라고 하거나 보편타당하다고 주장할 수 없다. "내 의견이 옳으니, 당신 의견은 틀렸다"는 태도는 옳고 그름으로 나뉜 두 개의 문을 연다. 반면 모호성 수용은 무한한 가능성이 존재하는 중간 지대로 향하는 하나의 문이다.

이 중간 지대는 모호성, 불확실성, 다양성의 공간이다. 이 중간 지대는 우리를 옳고 그름이라는 견고한 칸막이 안에 가두는 대신, 삶의 미묘한 차이를 탐구하고 흑과 백 사이의 여러 회색톤을 인식하도록 초대한다. 중간 지대로의 초대는 개방성, 호기심, 새로운 관점으로 세상을 바라보는 의지를 촉구한다. 흑백 논리와 이분법적 사고의 족쇄를 끊고 삶의 복합성을 인정하도록 우리를 격려한다. 오직 이 중간 지대에서만 다양성의 아름다움을 발견하고, 다채로운 경험의 중요성을 인정할 수 있기 때문이다. 루미의 표현처럼 중간 지대로의 초대는 변화와 새로운 지평의 발견을 촉구한다.

이 중간 지대에서 우리는 자신에게 질문하고 신념을 재고하며 진실과 현실 이해를 자유롭게 넓힐 수 있다. 모호성을 두려워하는 대신 극복하는 법을 배울 수 있다. 모호성을 영감과 성장의 원천으로 활용하는 법을 배울 수 있다. 물론 모호성 수용이라는 도구가 있을 때만 가능한 일이다.

모호성 수용은 삶의 미묘한 차이에 귀 기울이는 능력이다. 개인적 차원에서 모호성을 수용하면 불명확한 상황에 유연하게 대처할 수 있다. 모호성을 수용할 줄 아는 사람은 불확실성에 잘 대처하지만, 그렇지 못한 사람은 아마 명확한 답과 견고한 구조를 추구할 것이다. 사회적 차원에서 모호성 수용은 다양성을 허용하고 문화적 차이를 인정하는 데 중요한 역할을 한다. 다양성의 시대에 모호성 수용 능력은 문화 간 조화와 협력에 핵심이다. '그 사이의 모든 것'은 개인의 성장뿐 아니라 집단과 사회의 역동성도 반영한다. 그래서 삶은 명확한 윤곽으로 존재하지 않으며, 탐구하고 이해해야 할 풍부한 다양성이 경계선 사이사이에 있다는 사실을 일깨운다. 모호성 수용은 단순한 심리학적 개념을 넘어 세상의 복합성을 인정하는 실질적인 삶의 기술이다. 모호성 수용은 불확실성에 대처할 수 있는 도구다. 모호성을 수용할 줄 아는 사람은 변화에 더 잘 적응한다. 집단에서 모호성 수용은 열린 소통을 장려하고 다름과 차이를 건설적으로 대할 수 있게 돕는다.

이런 능력은 개인의 성장과 대인관계에 막대한 영향을 미친다. 모호성 수용 능력이 높은 사람은 새로운 아이디어와 관점에 개방적이고, 선입견이 없으며, 불확실성을 삶의 자연스러운 일부로 받아들인다.

모호성 수용에 이르는 길은 세상의 복합성을 인정하고 명확한 답이 늘 있는 건 아니라는 사실을 인식하는 데서 시작된다. 이는 세상의 한계를 받아들이는 것을 의미하기도 한다. 개인적으로 모호성 수용 능력을 키우면 많은 이점을 얻을 수 있지만, 그렇다고 모든 대인관계나 사회 문제의 해결책이 되는 건 아니다. 다만 가능한 해결책을 모색하는 데 귀중한 지침이 될 수는 있다.

모호성 수용 개념을 발전시키는 데 크게 기여한 엘제 프렌켈-브룬스비크는 우리에게 이런 중간 지대를 보여주었다. 스스로 안다고 생각하는 자기 자신과 주변 세계의 모든 것에 대해 의문을 제기하라고 호소했다. 굳건하게 지킨 신념이 주는 안정감을 버리고 모호성의 풍요로움을 탐구해 보라고 권유했다.

프렌켈-브룬스비크는 남편이 자살한 지 3년째 되는 1958년 3월 31일에 사망했다. 그녀 역시 스스로 생을 마감한 것으로 추정되지만, 정확하지 않다. 심장질환과 여러 건강 문제가 있었으며, 오랫동안 우울증을 앓고 있었고 남편의 죽음으로 인한 정신건강 위기도 겪었다.

프렌켈-브룬스비크는 마지막 순간까지 모호성으로 가득 찬 상
황을 남겼다. 의도적이든 아니든, 그녀는 모호한 중간 지대에서 살
다 떠났다.

- Alcock, J. (2019). Paranormality: Why We See What Isn't There. Ar\-row.

- Arlow, J., & Brenner, C. (1974). Grundbegriffe der Psychoanalyse. Die Entwicklung von der topografischen zur strukturellen Theorie der psychischen Systeme. Reinbek: Rowohlt Taschenbuch Verlag.

- Budner, S. (1962). Intolerance of ambiguity as a personality variable. Journal of Personality, 30 (1), 29 – 50.

- Bushman, B. J., Baumeister, R. F., & Stack, A. D. (1999). Catharsis, ag\-gression, and persuasive influence: Self-fulfilling or self-defea\-ting prophecies? Journal of Personality and Social Psychology, 76 (3), 367 – 376.

- Dollinger, S. J., & Orf, L. A. (1991). Intolerance of ambiguity and de\-cision-making style: Objective vs. subjective. Psychological Re\-ports, 69 (3 Pt 1), 923 – 929.

- Emmons, R. A., & McCullough, M. E. (2003). Counting blessings versus burdens: An experimental investigation of gratitude and subjective well-being in daily life. Journal of Personality and So\-cial Psychology, 84 (2), 377–389.

- Goethe, J. W. (1948 ff.). Zur Farbenlehre. In: Gedenkausgabe der Werke, Briefe und Gespräche (Bd. 16, S. 17–27). Zürich: dtv. (요한 볼프강 폰 괴테, 장희창 옮김,《색채론》, 민음사, 2003)

- Gollwitzer, M., Rothmund, T., & Süssenbach, P. (2013). The long-term effects of venting anger: Aggressive responding induces

- cognitive accessibility of aggressive content. Journal of Perso\-nality and Social Psychology, 105 (3), 494–509.

- Gopnik, A. (2012). Scientific thinking in young children: Theoreti\-cal advances, empirical research, and policy implications. Sci\-ence, 337 (6102), 1623–1627.

- Grawe, K. (1998). Psychologische Therapie. Göttingen: Hogrefe.

- Gudykunst, W. B., & Hammer, M. R. (1988). Strangers and hosts: An uncertainty reduction-based theory of intercultural adaptation. In Y. Y. Kim & W. B. Gudykunst (Hrsg.), Theories in Intercultu\-ral Communication (S. 60–84). Sage Publications.

- Harbusch, U., & Wittkop, G. (2007). Kurzer Aufenthalt: Streifzüge durch literarische Orte (S. 271). Göttingen: Wallstein.

- Jung, C. G. (1959). The Archetypes and the Collective Unconscious. Pantheon Books.

- Keupp, H., et al. (1999). Identitätskonstruktionen. Das Patchwork der Identitäten in der Spätmoderne. Reinbek.

- Kohlberg, L. (1976). Moral stages and moralization: The cognitive-developmental approach. Moral development and behavior: Theory, research, and social issues, 31–53.

- Krappmann, L. (2000). Soziologische Dimensionen der Identität. Strukturelle Bedingungen für die Teilnahme an Interaktions\-prozessen. Stuttgart: Klett-Cotta Verlag.
- Lohr, J. M., Olatunji, B. O., Parker, L., & DeMaio, C. (2007). Expe\-rimentally manipulating cognitions in the A-B-A-B design: A comment on Barlow (1996). Journal of Behavior Therapy and Ex\-perimental Psychiatry, 38 (1), 78 – 87.
- Lynch, M. P. (2009). Truth as One and Many. Oxford University Press.
- McLain, D. L. (1993). Intolerance of ambiguity as a personality vari\-able. Perceptual and Motor Skills, 76 (3_suppl), 1295 – 1302.
- McCullough, M. E., Emmons, R. A., & Tsang, J. (2002). The grateful
- disposition: A conceptual and empirical topography. Journal of Personality and Social Psychology, 82 (1), 112 – 127.
- McWilliams, N. (2011). Psychoanalytic Diagnosis: Understanding Personality Structure in the Clinical Process. Guilford Press.
- Nin, A. (1975). The Diary of Anaïs Nin, Vol. 5 (1947 – 1955) (S. 149). Harvest.
- Pennycook, G., & Rand, D. G. (2018). The Implied Truth Effect: Atta\-ching Warnings to a Subset of Fake News Stories Increases Per\-ceived Accuracy of Stories Without Warnings. Management Sci\-ence, 66 (11), 4944 – 4957.
- Reis, J. (1997). Ambiguitätstoleranz. Beiträge zur Entwicklung eines Persönlichkeitskonstruktes. Heidelberg: Asanger Verlag.
- Reuss, S., & Becker, G. (1996). Evaluation des Ansatzes von Law\-rence Kohlberg zur Entwicklung und Messung moralischen Ur\-teilens. Immanente Kritik und Weiterentwicklung. Max-Planck-Institut für Bildungsforschung, Berlin.
- Riemann, F. (1961). Grundformen der Angst: Eine tiefenpsychologi\-sche

Studie. Ernst Reinhardt Verlag.

- Riemann, F. (1975). Grundformen der Angst. Eine tiefenpsycholo\-gische Studie (10. überarbeitete und erweiterte Auflage, 52.-63. Tausend). Ernst Reinhardt Verlag.
- Riemann, F. (1990). The Anatomy of Dependence. Springer.
- Rosenberg, M. B. (2003). Gewaltfreie Kommunikation. Paderborn: Unionsverlag.
- Seligman, M. E. P., Steen, T. A., Park, N., & Peterson, C. (2005). Posi\-tive psychology progress: Empirical validation of interventions. American Psychologist, 60 (5), 410 - 421.
- Stegbauer, C. (2002). Reziprozität. Einführung in soziale Formen der Gegenseitigkeit. Wiesbaden: Westdeutscher.
- Tversky, A., & Kahneman, D. (1974). Judgment under uncertainty: Heuristics and biases. Science, 185 (4157), 1124 - 1131.
- Ullrich, J., Stroebe, W., & Hewstone, M. (2023). Sozialpsychologie (7. Aufl.). Springer.
- Wood, A. M., Froh, J. J., & Geraghty, A. W. (2010). Gratitude and well-being: A review and theoretical integration. Clinical Psy\-chology Review, 30 (7), 890 - 905.
- Zimbardo, P. G., & Boyd, J. N. (1999). Putting time in perspective: A valid, reliable individual-differences metric. Journal of Personal\-ity and Social Psychology, 77 (6), 1271 - 1288.
- Statistik ≫Angststöungen ≪, Deutsche Gesellschaft für Psychiat\-rie und Psychotherapie, Psychosomatik und Nervenheilkunde e.V. (DGPPN) (abgerufen am 13.01.2024): https://www.dgppn. de/_Resources/ Persistent/81a4dc4e22718090a9b3f0660e370a\-f38e835f87/Dossier_2022_web.pdf.

정답을 내리기 어려운 삶의 문제들을 대하는 심리학

인생의 모호함에 관하여

1판 1쇄 인쇄 2026년 3월 4일
1판 1쇄 발행 2026년 3월 11일

지은이 네시베 카흐라만
옮긴이 배명자
펴낸이 고병욱

책임편집 한희진　**기획편집** 김경수
마케팅 안선욱 황혜리 황예린 권묘정 이보슬　**디자인** 공희 백은주
제작 김기창　**관리** 주동은　**경영지원** 노재경 송민진

펴낸곳 청림출판(주)
등록 제2023-000081호

본사 04799 서울시 성동구 아차산로17길 49 1010호 청림출판(주)
제2사옥 10881 경기도 파주시 회동길 173 청림아트스페이스
전화 02-546-4341　**팩스** 02-546-8053

홈페이지 www.chungrim.com　**이메일** cr2@chungrim.com
인스타그램 @chungrimbooks　**블로그** blog.naver.com/chungrimpub
페이스북 www.facebook.com/chungrimpub

ISBN 979-11-5540-264-1　03180

**Alles,
was
dazwischenliegt**